MAGDALENA WURTH & MORITZ WILDENAUER

Pilzgeflüster

WIE DEINE EIGENEN PILZE AUS DEM BODEN SCHIESSEN
im Garten, Innenhof, auf Balkon und Couchtisch

SCHAU MAL, WAS HIER ALLES SPRIESST: JEDE MENGE PILZWISSEN!

HALLO URBAN GARDENER! MACHT EUCH DIE PILZE WIE EURE STADT: VIELSEITIG, INTERNATIONAL, KOMMUNIKATIV, VERRÜCKT

VON ZAUBERERN, TÄNZERN UND SCHRÄGEN VÖGELN: PILZE IM PORTRAIT

MAHLZEIT! PILZ-VIELFALT ERNTEN UND GENIESSEN

WARUM WIR PILZE LIEBEN?

Ein Leben ohne Pilze ist für uns schwer vorzustellen. Pilze sind faszinierende, einzigartige Geschöpfe. Sie bereichern den Speiseplan enorm, indem sie unser Essen bunter und gesünder machen. Neben einem eigenen Gemüse- und Kräutergarten ist der Pilzgarten fester Bestandteil unseres Lebenskonzeptes. Das zu ernten, was man gesät, gepflanzt oder im Fall der Pilze beimpft hat, erfüllt uns jedes Mal aufs Neue mit Zufriedenheit und Begeisterung. Man schmeckt die Liebe und Frische in selbst gezogenen Pilzen.

Die Weitergabe dieses Wissens rund um die vielfältigen Anbauvarianten von Speisepilzen in Garten, Balkon, Innenhof, Keller und auf der Fensterbank ist uns ein besonderes Anliegen. Die Pflege und Anlage eines eigenen Pilzgartens ist ebenfalls eine freudvolle Sache. Für uns ist der Pilzgarten ein Wohlfühl- und Genussort. Es gibt eine Menge zu tun – in der Erde graben, Konstruktionen basteln, bohren, sägen, hämmern oder einfach nur den Pilzen beim Wachsen zusehen. Spätestens bei der Ernte von prächtigen Austernseitlingen oder einem besonders eindrucksvollen Exemplar des Igelstachelbarts hat sich die Arbeit dann gelohnt. Der im Schattenbereich angelegte Pilzgarten ist eine ungeahnte Oase der Ruhe. An heißen Sommertagen lässt es sich in der Hängematte zwischen alten Obstbäumen entspannt von Pilzen träumen. Im Winter genießen wir es, die Pilze gut behütet auf Holzsubstraten am Fensterbrett, in der Küche oder im Keller großzuziehen.

Schenkst du deinen Pilzen etwas Beachtung und Liebe, bedanken sie sich mit guten Erträgen. Begib dich in die geheimnisvolle Welt des Pilzgeflüsters und lass dich von der Freude anstecken, die von ihr ausgeht!

Magdalena Wurth und
Moritz Wildenauer

↓ **DA WÄCHST WAS!** Pilze, Freude, Nachhaltigkeit:
↓ Komm mit in die fabelhafte Welt der Pilze!

WAS PILZE KÖNNEN?
GANZ SCHÖN VIEL!

Du hast gerade angefangen, dich in das Universum der Pilze und ihrer Anbaumöglichkeiten zu begeben? Willkommen! Oder hast du bereits Erfahrungen im Umgang mit den bunten Gesellen gesammelt? Sehr gut. Wir zeigen dir die unzähligen und vielfältigen Möglichkeiten, die Pilze bei dir zu Hause einziehen zu lassen. Und wie du dein Leben und deine Umgebung mit Pilzen bunter und fröhlicher machen kannst. Egal, wie viel Platz oder Zeit du zur Verfügung hast. Hier ist bestimmt etwas für dich dabei!

Das Beste an den Pilzen? Sie versorgen dich biologisch und nachhaltig, sie verwerten unzählige organische Materialien wie Laubholz, Stroh oder sogar scheinbaren Abfall (wie Kaffeesatz) und verwandeln sich dabei in köstliche, fleischlose Gerichte. Ressourcenschonende Selbstversorgung mit Pilzen ist längst keine Zukunftsmusik mehr! Aber von Anfang an: Überleg dir, welcher Typ von Pilzgärtner du sein möchtest, mach dich über die verschiedenen Anbauweisen schlau und besorge dir die nötigen Materialien. Dann kann es gleich losgehen!

DIE REISE HAT GERADE
ERST BEGONNEN –
mach dich gefasst auf
ein wahres Pilz-Abenteuer!

MACH DEINE WELT EIN BISSCHEN BESSER – MIT PILZEN!

Pilze bei sich zu Hause anbauen ist eine prima Sache: Du kannst zum Tüftler werden, mit Pilzen deinen Garten, Balkon oder deine Innenräume bunter machen, deinen Sprösslingen beim Wachsen zuschauen und am Ende deine eigenen, wunderbaren, aromatischen Pilze ernten. Aber das ist noch nicht alles: Baust du deine eigenen Pilze an, kannst du nicht nur dir selber Gutes tun, sondern auch der Natur ein kleines Stück zurückgeben. Wie?

10

→
GANZ SCHÖN ERSTAUNLICH,
was die Pilze so alles draufhaben!

Pilze sind anspruchslose Untermieter: Sie haben vielerlei Strategien entwickelt, ihre Nährmedien auf geschickte Art und Weise zu besiedeln. So sind die meisten Speisepilze, die gezüchtet werden können, nicht zimperlich, was ihre Nahrungsgrundlage betrifft. Sie lieben es, Materialien wie Holz, Stroh oder sogar Kaffeesatz zu zersetzen und uns dabei mit wunderbaren Fruchtkörpern zu beschenken. Damit sie in die Höhe schießen, braucht es also nicht viel. Das heißt: wenig Aufwand und keine Verschwendung.

Du baust deine Pilze auf biologischen, regionalen Materialien an: Willst du das ressourcenschonende Dasein deiner Pilze noch um Welten verbessern, fütterst du sie am besten stets mit biologischen Nährmedien. Nachhaltig gewonnene Holzrohstoffe, biologisches Getreide oder Stroh und die Verwendung von natürlichen Zuschlagstoffen (Bio-Malz, Kalk etc.) sind Voraussetzungen für die Zucht von gesunden Pilzen, die richtig gut schmecken. Rohstoffe aus der eigenen Region zu verwenden und lange Transportwege zu vermeiden, spart nicht nur Geld, sondern stärkt die eigene Region und verbessert den ökologischen Fußabdruck.

Nachhaltigkeit? Und ob! Nicht nur, dass du die meisten der verwendeten Materialien für mehrere Erntewellen und Jahre verwenden kannst. Wenn sie nicht mehr genügend Nährstoffe für das Pilzwachstum in sich tragen, kannst du sie ganz einfach kompostieren. Und: Pilze bringen eine hoffnungsvolle Zukunft mit sich. Es wird fleißig an alternativen Produkten geforscht, wie Leder oder Isolations-, Bau- und Verpackungsmaterialien aus Pilzen. Pilze können uns dabei unterstützen, unser Leben nachhaltiger zu gestalten.

Abfall verwenden statt Abfall verursachen: Im Pilzanbau kann auch der Zero-Waste-Gedanke verwirklicht werden. Weltweit gibt es unzählige Beispiele, wie scheinbarer Müll aus der Lebensmittelproduktion und Landwirtschaft mit etwas Wissen über Pilze und ihre bevorzugten Lebensweisen wiederverwertet werden kann. Werde Teil einer ernährungssouveränen Landwirtschaft – und züchte beispielsweise deine eigenen Austernseitlinge auf Kaffeesatz (S. 102).

Da schlägt das Selbstversorger-Herz höher: Du kannst selbst entscheiden, wie weit du in das magische Universum der Pilze vordringen möchtest. Als Pilzzüchter kannst du vom Fertig-Pilz-Kit (S. 86) bis zur eigenen Herstellung deiner Pilzbrut (S. 26) alles genau so machen, wie es dir gefällt. Je mehr Arbeitsschritte im Prozess du selbst erledigst, desto unabhängiger wirst du. Mit Pilzanbau im großen Stil kannst du im Sinne der Ernährungssouveränität dich und deine Lieben versorgen, oder sogar die Pilzzucht zum Beruf machen (S. 96 und S. 108).

Gärtnern, das Sinn macht und Freude bereitet: Vielen ist unbekannt, dass Pilze auch wunderbar im eigenen Garten gedeihen. Die Liebe zum Pilzgärtnern entwickelt man schnell. Es tut einfach gut, selbst aktiv zu werden – und nicht nur eigene Gemüse, Früchte und Kräuter anzubauen, sondern vor allem auch: eigene Pilze. Im Freien gezüchtete Pilze bevorzugen ein windgeschütztes, schattiges Plätzchen. So hat man über viele Jahre Freude an frischen Pilzen. Für uns ist der eigene Pilzgarten nicht nur Arbeitsplatz, sondern ein Ort, an dem man verweilen möchte. Manchmal kann man den Pilzen sogar beim Wachsen zusehen. Es gibt unzählige Möglichkeiten, den Pilzgarten bunt zu gestalten und auf vielfältige Weise zu nutzen. Fest steht: Egal ob deine Pilze Stubenhocker (S. 55), Weltenbummler (S. 52) oder Tagträumer (S. 86) sind – es gibt für jeden von ihnen ein passendes Zuhause.

EIN KÖRBCHEN
↓ voller Leckerbissen!

12

UNTER DEM SCHATTIGEN BLÄTTERDACH in deinem künftigen Pilzgarten sprießen nicht nur Pilze, sondern jede Menge Ideen!

Dein Guide durch dieses Pilzbuch

Wie anfangen?

Du hast noch keine Vorstellung davon, wie du dein Pilzprojekt starten möchtest? Hol dir Inspiration auf S. 14!

Deine Checkliste für den Pilzanbau:

Damit alles reibungslos funktioniert, führe dir stets die Arbeitsprozesse vor Augen:

Standort suchen: Zur Auswahl stehen Garten (S. 34), Innenhof (S. 75), Balkon oder Dachgarten (S. 76), Wohnzimmer (S. 86 und S. 104) oder Keller (S. 86 und S. 104).

Materialien und Beimpfung: unterschiedlich je nach Nährmedium und Kultur (Holz: Luftkultur S. 52, Erdkultur S. 55; Stroh: Strohkultur S. 67 oder Strohpelletskultur S. 71, Holzsubstrat: S. 84 oder Kaffeesatz: S. 102)

Durchwachsphase, Pflege und Ernte: wiederum unterschiedlich je nach Nährmedium und Kultur (siehe oben). Beispiele gefällig? Pilze auf Holz (S. 36) haben eine etwas längere Durchwachszeit von einem Jahr, können aber über mehrere Jahre hinweg zu ihren jeweiligen Erntezeiten geerntet werden. Bei Fertig-Pilz-Kits (S. 86) dauert das Durchwachsen nur Tage bis Wochen, nach der dritten Ernte ist es dann aber meistens vorbei.

Wo anbauen?

Pilze gedeihen drinnen wie draußen. Die beiden Kapitel „Willkommen im Pilzgarten" und „Hallo Urban Gardener" geben dir schon einen Hinweis auf den Standort deiner Pilze. Aber vielleicht hast du ja auch in der Stadt ein kleines grünes Fleckchen? Oder möchtest als Landkind deine Pilze indoor anbauen? Hier eine Übersicht über die möglichen Plätze und Räumlichkeiten mit dazugehörigen Kulturmöglichkeiten:

Großer Garten: Hier gibt es Platz für Luftkulturen (S. 52) und Erdkulturen (S. 55) auf Holzstämmen. Für den schnellen Hunger zwischendurch können auch Pilze auf Stroh gezüchtet werden (S. 64). Du willst deinen Pilzgarten bis ins Kleinste durchplanen? Schau auf S. 62.

Kleiner Garten/Innenhof: Am besten lassen sich hier kleine Erdkulturen in Töpfen (S. 77), Strohkulturen (S. 67) oder Strohpelletskulturen (S. 71) anbauen.

Balkon oder Dachgarten: Hier bieten sich fertig beimpfte Stämme (S. 158), ein Fertig-Pilz-Kit (S. 86) oder dein erstes selbst gebautes Paletten-Frühbeet mit Strohkulturen (S. 70) an – es wird ganz schön bunt!

Keller: Pilze, die gerne gleichbleibende Temperaturen und Feuchtigkeit haben, lieben diesen dunklen Ort: auf Holzsubstraten (S. 84) oder Kaffeesatz (S. 102).

Couchtisch oder Fensterbank: Einen gemütlichen Aussichtsplatz mögen Pilze auf Strohpellets (S. 71) oder Holzsubstrat (S. 84).

Welche Materialien?

Für den Anbau der Pilze brauchst du die richtigen Nährmedien: Holz (S. 36), Stroh (S. 64), Holzsubstrat (S. 84) oder Kaffeesatz (S. 102). Daneben benötigst du (zumeist) die Pilzbrut (S. 26) deiner auserwählten Pilzsorte. Woher du diese beziehen kannst, erfährst du ab S. 158.

WELCHE ART VON PILZZÜCHTER BIST DU?

Auf welche Weise du die Pilze zu dir nach Hause einladen kannst, hängt von deinen Vor-lieben, Visionen und natürlich deiner Umgebung ab. Hast du einen großen Garten oder nur ein kleines Kellerabteil? Pilze sprießen überall. Finde heraus, was am besten zu dir passt.

DIE INDIVIDUALISTEN

Ob auf der Fensterbank, am Balkon oder im eige-nen Garten – es geht dir ganz einfach darum, zu ernten, was du selbst gesät oder beimpft hast. Du hast keine Angst, dir die Hände schmutzig zu ma-chen. Du stürzt dich am liebsten gleich voll ins Ge-flecht, sozusagen. Du nützt die Gunst der Stunde, besorgst dir alle Utensilien in Windeseile und legst sofort los. Baumstämme organisieren, Pilzbrut bestellen und schon geht es los mit dem Aben-teuer Pilzbeimpfung (S. 40). Gehörst du eher zur Fraktion der Ungeduldigen, kannst du dir diesen ersten Schritt ersparen und dir stattdessen Fer-tig-Pilz-Kits holen (S. 86). Dann folgt nämlich so-gleich der nächste Streich: Pilzsubstrat wachsen lassen, mit etwas Liebe, Licht und Wasser versor-gen und im Handumdrehen die ersten selbstgezo-genen Pilze ernten. Ganz unkompliziert und sogar in den eigenen vier Wänden umsetzbar.

DIE GESELLIGEN

Du liebst es, aus dem Vollen zu schöpfen und star-test neue Ideen am liebsten mit anderen Gleich-gesinnten? Mit etwas Planung und genügend helfenden Händen kannst du deinen Traum des Selbstversorger-Pilzgartens wahr werden lassen. Jeder kann sich einbringen: ob mit einem selbstge-bauten Holzgerüst für deine im Garten schaukeln-den Shiitake-Stämme (S. 52), einem Hochbeet für deine Erdkulturen (S. 58) oder einem Pilzgewächs-haus (S. 92) – zusammen geht es einfach besser. Du willst Pilzprofi oder Pilzbäuerin werden, von Shi-itakes, Seitlingen und Co. (im wahrsten Sinne des Wortes) leben können und deine ganze Region mit frischen Pilzen beliefern? Dann leg dich mit einer Holzsubstratkultur im Container (S. 96) oder einer groß angelegten Kaffeekultur im Keller (S. 108) ins Zeug!

DIE ZUKUNFTSVISIONÄRE

Die Kinder von heute sind die Pilzzüchter von morgen. Zum Glück dürfen wir uns ihre Welt ausborgen. Lernen, entdecken und erforschen – beim Pilzgärtnern kommt jeder auf seine Rechnung. Junge Menschen haben das Staunen noch nicht verlernt, begib dich mit ihnen in die faszinierende Welt der Pilze. Füttere deine Pilze jeden Tag mit einem Häppchen morgendlichem Kaffeesatz (S. 105) oder beimpfe gemeinsam einen Strohballen (S. 70) mit dem Flamingo-Seitling (S. 135). Träume von Feen und Elfen und lasse Leuchtpilze (S. 139) auf deinem Nachttisch sprießen.

DIE FREIHEITSLIEBENDEN

Du möchtest wild drauflosgärtnern und den Dingen auf den Grund gehen? Dann gib deinen Pilzen Raum, ihr volles Potenzial zu entfalten und hauche unberührten Plätzen in deiner Umgebung Leben ein. Lege ein Pilzbeet an und mach dich über „guerilla mushroom gardening" und „mycoremediation" (S. 81) schlau. So wirst du Vielfalts-Erhalterin. Züchte seltene Pilzarten wie den Igelstachelbart (S. 131) oder Reishi (S. 136) und genieße es, die „Pilz-Früchte" deiner Arbeit zu ernten. Genuss steht für dich im Vordergrund! Ausgestattet mit einem erfrischenden Pilz-Eistee (S. 148) und einem Picknickkorb voller eingemachter Pilzspezialitäten steht nichts mehr zwischen dir und deinem Pilzvergnügen.

HUT AB: PILZE UND IHRE POWER

Hast du erst einmal damit begonnen, dich mit Pilzen zu befassen, wird dir eines sofort auffallen: Sie sind überall. Pilze begleiten uns bewusst und unbewusst in der Natur und auch im täglichen Leben. Ihre mikroskopisch kleinen Sporen verbreiten sich sogar bis ins Weltall. Insbesondere der Waldboden kennt sie in- und auswendig: Eine große Vielfalt an Pilzen siedelt sich dort an und macht so einen großen Teil davon aus.

Dass Pilze schon vor etwa 30.000 Jahren als Nahrungs- und Heilmittel verwendet wurden, bestätigen neuere archäologische Untersuchungen. In der Antike galten einige Pilzarten als so kostbar, dass der Verzehr nur Adeligen vorbehalten war. Kenntnis über die potenziellen Heilwirkungen von Pilzen gibt es schon lange. Dieses traditionelle Wissen ist allerdings im Mittelalter zu großen Teilen verloren gegangen. In Asien hingegen, besonders in China, sind Pilze schon lange ein wichtiger Bestandteil der traditionellen Medizin. Auch hierzulande ist die Mykotherapie mittlerweile ein eigenständiger Bereich in der Naturheilkunde.

Jeder Vitalpilz unterstützt den Körper auf besondere Art und Weise – je nach Einsatzgebiet als Pulver, Extrakt oder Tinktur. Die Wirksamkeit der Inhaltsstoffe ist inzwischen schon pharmakologisch untersucht und vielfach wissenschaftlich belegt. Wertvolle Antioxidantien, die die Abwehrkräfte stärken, Zellen schützen und unserem Körper unter die Arme greifen, wenn er durch tägliche Belastungen erschöpft ist, sind ebenfalls Bestandteil des Vitalpilz-Cocktails. Pilze enthalten Triterpene, die als hochwirksam für die Behandlung von unterschiedlichen Leiden gelten. Sie regulieren beispielsweise Blutzucker- und Cholesterinwerte, wirken entzündungshemmend und beschleunigen die Wundheilung. Allergikern verschaffen spezielle Pilze Linderung bei unterschiedlichen Beschwerden. Die schmerzhemmende Wirkung des Reishi (S. 136) ist sogar pharmakologisch nachweisbar. Vitalpilze wie Shiitake (S. 119), Igelstachelbart (S. 131) und Co. selbst anzubauen sorgt also nicht nur für Geschmackserlebnisse, sondern auch für die ideale Ergänzung zu pflanzlichen Heilmitteln in der eigenen Hausapotheke!

↑ **EIN TEE AUS GETROCKNETEM REISHI**
hilft bei so manchen Beschwerden. Probier's aus!

↑ PILZE SIND WAHRE WUNDERWESEN.
Lern sie kennen und finde heraus, was
sie so alles auf den Lamellen haben!

AUF SPORENSUCHE: WIR GEHEN DEN PILZEN AUF DEN GRUND

Bevor wir uns nun den verschiedenen Möglichkeiten zuwenden, wie du die lieben Pilze bei dir zu Hause einziehen lassen kannst, müssen wir erst unsere Lupe auspacken. Du hast richtig gelesen: Wir schauen uns diesen einzigartigen Gesellen, den Pilz, zunächst einmal genauer an. Denn es gibt einiges zu entdecken: von der Spore bis zum Fruchtkörper, vom Hut bis zum Stiel – und alles, was sich im Verborgenen versteckt.

Pilze sind unheimlich faszinierende und geheimnisvolle Wesen. Unser Wissen über sie ist erstaunlich gering. Wir kennen nur etwa 5 % aller existierenden Pilze. Von den bekannten Pilzarten sind etwa 120.000 Arten wissenschaftlich erfasst. Sie formen ihr scheinbar unsichtbares Netzwerk an mikroskopisch kleinen Pilzfäden um unsere Erde und lassen sich nicht gerne mit anderen Lebewesen in einen Topf werfen. Lange haben sie dafür gekämpft, was ihnen erst vor einigen Jahrzehnten zugesprochen wurde: eine Einzelstellung neben Tieren und Pflanzen. Ihr eigenes Reich also. Wie nämlich schon lange bekannt ist, beziehen sie ihre Lebensenergie nicht aus der Photosynthese wie die Pflanzen. Sondern: Sie haben eine Vielzahl an unterschiedlichen Mechanismen gefunden, um an Nährstoffe zu gelangen, diese zu verwerten und dadurch zu wachsen und zu gedeihen. Also, los geht's: Blätter dich durch und erfahre alles über deine neuen zukünftigen Mitbewohner.

BEI DIESER SHIITAKE-PRACHT kann man schon mal ins Grübeln kommen. Pilz, wer bist du?

BITTE ZU TISCH!
PILZE UND IHRE LEIBSPEISEN

Wovon ernähren sich die Pilze? Prinzipiell können wir drei verschiedene Essgewohnheiten unterscheiden. Für uns Pilzzüchter am interessantesten ist die Gruppe der Saprobionten, die ihre Energie aus abgestorbenem Material beziehen. Daneben gibt es die Mykorrhiza-pilze, die eine lebenslange Partnerschaft mit einem Baum ihrer Wahl eingehen, eine Symbiose also. Die Parasiten, die dritte Gruppe, pflegen ebenfalls eine Verbindung mit einem lebenden Organismus – wenn auch nicht ganz so einvernehmlich.

SAPROBIONTEN: DIE FEIN-SCHMECKER UNTER DEN PILZEN

Saprobionten sind die Ernährungsbewussten unter den Pilzen. Sie wollen nur bestes organisches Essen. Und hier kommen wir ins Spiel, denn genau dieses Material können wir ihnen auftischen, ob Holz, Stroh oder Kaffeesatz. Wie genau das funktioniert, erfährst du in den nächsten Kapiteln. Die Nährstoffaufnahme selbst ist eine höchst komplizierte Angelegenheit, wobei sich die Pilze unterschiedlicher Methoden bedienen.

Da sie Holzinhaltsstoffe wie Zellulose, Hemizellulosen und Lignin abbauen können, sind Saprobionten besonders bedeutend für den Zersetzungsprozess in der Natur. Die Verwandlung von Totholz oder abgestorbenen Pflanzenresten ist ihre Zauberkunst. Schlussendlich wird alles wieder zu Humus und der natürliche Kreislauf schließt sich. Einige Pilzarten zählen zu den sogenannten Weißfäule-Erregern. Sie können Holzbestandteile wie Lignin und Zellulose verwerten und verwandeln Holz in eine faserige, leicht weißliche Masse. Braunfäule-Erreger zersetzen ebenfalls Holz, können jedoch nur Zellulose verwerten. Das verdaute Holz sieht braun, oft quader- oder würfelförmig aus. Beiden ist gemein, dass sie En-

zyme (Verdauungssäfte) in das Holz absondern und es so „vorverdaut" aufnehmen. Saprobionten haben sich auf unterschiedliche Nährmedien bzw. „Verarbeitungszustände" spezialisiert. Sie werden wiederum in Primär- und Sekundärzersetzer eingeteilt.

Primärzersetzer: Die „Rohkost-Bevorzuger"

Sie können ihr Nährmedium in einem unveränderten, „rohen" Zustand abbauen und verwerten. Shiitakes (S. 119), Seitlinge (S. 120–123, 130, 135) oder Stockschwämmchen (S. 127) sind Liebhaber dieser härteren Kost. Ob Birke, Buche oder Eiche – diese Pilze bevor-

↑ KNUSPRIGER HOLZSNACK GEFÄLLIG?
Das Stockschwämmchen freut's.

Jedem Pilz sein eigener Holzleckerbissen

Die lieben Pilze sind nicht nur echte Gourmets, sondern manchmal auch ein bisschen wählerisch. Sie gedeihen besonders gut, wenn du ihnen ihren Lieblingssnack servierst. Es ist empfehlenswert, dass du dich vor dem Anbau über die Vorlieben deiner auserwählten Sorten informierst. Stockschwämmchen (S. 127) und Igelstachelbart (S. 131) besiedeln zum Beispiel bevorzugt zuckerreiche Birkenstücke. Seitlinge (S. 120–123, 130, 135)* findet man nicht allzu selten in Gesellschaft von Buchen. Selbst weit gereiste japanische Shiitakes können auf heimischen Eichen und Buchengehölzen eine neue Heimat finden. So hat jeder Pilz seinen eigenen „Geschmack". Triffst du ihn, so kannst du dich über üppige Pilzernten freuen. Damit die Suche nach dem richtigen Holz nicht zu einer Lebensaufgabe wird, findest du auf S. 39 Angaben zu den Lieblings-Holzpartnern deiner Pilze. Hat ein beimpfter Stamm keine verwertbaren Inhaltsstoffe mehr abzugeben, muss wieder mit einem frischen Medium begonnen werden. Welche Möglichkeiten dir für die Beimpfung offen stehen, erfährst du ab S. 40.

*Seitling oder Austernseitling? Damit du Bescheid weißt: Seitlinge (*Pleurotus*) umfassen mehrere in diesem Buch angeführten Pilzarten. Dazu gehören die Art der Austernseitlinge (Gelber Austernseitling, S. 120; Waldviertler Austernseitling, S. 121; und Taubenblauer Austernseitling, S. 122) sowie der Sommerseitling (S. 123), der Kräuterseitling (S. 130) und der Flamingo-Seitling (S. 135).

zugen den energiereichen Rohkost-Holzsnack. Diese Einteilung ist jedoch nicht starr. Viele Pilze sind zugleich Primär- und Sekundärzersetzer. So kann beispielsweise ein abgebrochener Ast einer Buche, der schon seit Jahren am Boden verrottet, eines Tages von einem Speisepilz besiedelt werden. Weil: Die Nährstoffzusammensetzung des Astes ist in diesem Jahr genau richtig, um dem Pilz das nötige Essen zu bieten. Es entstehen Fruchtkörper. Solche Pilze sind meist einjährig, können aber auch viele Jahre überdauern. Irgendwann bietet der Ast zu wenig Nahrhaftes, um ihn weiterhin sprießen zu lassen, und ein anderer Organismus oder eine andere Pilzart übernimmt die wichtige Rolle des Zersetzens.

Sekundärzersetzer: Die „Leichtgedünstet-schmeckt's-einfach-besser-Esser"

Diese Ernährungsform wird beispielsweise von Champignon oder Schopftintling bevorzugt. Mithilfe von Mikroorganismen, also Bakterien oder anderen Pilzen, wird die Nahrungsgrundlage erst einmal aufgeschlossen und ist später bereit, von den Pilzen besiedelt zu werden.

↑ **CHAMPIGNONS KANNST DU MIT LEICHTIGKEIT SELBST ZÜCHTEN** – dazu benötigst du eine Fertigkultur (S. 86).

SCHMAROTZER: DIESE PILZE SCHRECKEN NICHT VOR FREMDEN TELLERN ZURÜCK

Parasitär lebende Pilze sind quasi Allesfresser und äußerst unangenehme Gestalten. Sie sind Feinde von Tier, Mensch und Pflanzen. Indem sie lebende Organismen befallen, richten sie großen Schaden an. Diese Pilzarten zu erforschen und Bekämpfungsmethoden zu entwickeln, ist Bestandteil vieler Wissenschaftsbereiche. Gelangen sie in den menschlichen Körper, können verschiedene Arten von Faden-, Hefe- und Schimmelpilzen Mykosen, also Pilzinfektionen,

↑ **EINE LIEBESGESCHICHTE AUS DEM WALD:** Der Steinpilz wächst, wo er sich mit seinem Lebenspartner Baum verbinden kann.

hervorrufen. Auch für Bäume und Wälder ist ein Befall verheerend. Manche Parasiten sind auf die Wurzelregionen spezialisiert, andere sitzen hoch oben in der Krone. Ihr Ziel: sich immer stärker in die Pflanze einzunisten, bis sie schließlich aufgibt und abstirbt. Hier ist die Einteilung ebenfalls nicht starr und der Übergang zwischen Parasit und Zersetzer fließend. Pilze können etwa Zeichen dafür sein, dass der Baum durch Wassermangel, Insektenbefall oder Ähnliches bereits geschwächt ist. Sie nutzen also die Gunst der Stunde, um sich schnell und unkompliziert am All-You-Can-Eat-Buffet zu bedienen. Aus der Sicht des Baumes ist das natürlich verheerend. Ist der Baum noch kräftig, wehrt er sich gegen die Pilzinvasion. Ersichtlich wird dies an „Abschottungsbereichen": Der Baum versucht dem Pilz eine Barriere in den Weg zu legen, um die heranwachsende Gefahr im Zaum zu halten.

Dieses Wissen können wir uns jedoch auch im Anbau von Pilzen zu Nutze machen. Da wir bei der gezielten Beimpfung von Holz oder Stroh auf Nummer sicher gehen wollen, damit die ganze Arbeit nicht umsonst war, verwenden wir eine entsprechend große Menge an Pilzbrut (S. 32) damit es keinen zu langen Streit um die Besiedelung des Holzes gibt. Du musst übrigens keine Angst haben, dass dein Pilz geliebten nahegelegenen Bäumen an die Krone geht. Die meisten Zuchtpilze leben ein schlichtes, gemütliches Leben auf deinem ausgewählten, bereits toten Holzstück und würden nicht auf die Idee kommen, sich ein neues Zuhause zu suchen. Es gibt jedoch Pilzarten, von denen man besser die Finger lassen sollte. Der Hallimasch (*Armillaria*), der besonders häufig in unseren heimischen Wäldern auftritt, ist Beispiel dafür, wie unbarmherzig Pilze zu Bäumen sein können.

MYKORRHIZAPILZE: BETREIBEN HARMONISCHES FOODSHARING

Mykorrhizapilze gehen eine enge Symbiose mit Bäumen ein, sodass sich die beiden Organismen gegenseitig mit Nährstoffen beliefern und zu gleichen Teilen von der Partnerschaft profitieren. Das Wort Mykorrhiza bedeutet frei übersetzt Pilzwurzel oder verpilzte Wurzel. Der Aufbau einer solchen Verbindung hat sich über Jahrmillionen entwickelt und aufgebaut. Ungefähr ein Drittel aller im Wald wachsenden Arten gehört zu dieser Gruppe.

Die Mykorrhizapilze suchen sich ihren Baum selbst aus und verbinden sich mit ihm. Das unter dem Waldboden versteckte Myzel ist das gesamte Jahr über aktiv und durch seine Zellfäden, die sogenannten Hyphen (S. 31), mit den Wurzeln der Bäume verwachsen. Das Resultat: der Baum kann Nährstoffe und Wasser besser aus dem Boden aufnehmen. Als Liebesbeweis für diese innige Partnerschaft erhält der Pilz zuckerhaltige Verbindungen aus der Photosynthese des Baums, die er selbst nicht aufbauen könnte. Mykorrhizierte Bäume weisen eine erhöhte Stresstoleranz auf und sind für Frost weniger anfällig. Auch die Abwehrkräfte gegen Krankheitserreger sind deutlich stärker. Die Symbiose mit einem Pilz kann also auch als eine Überlebensstrategie der Bäume angesehen werden.

Damit der Baum ihn als Partner anerkennt, ist eine Menge Vertrauen nötig. Die Verbindung geht so weit, dass nicht nur die feinen Wurzeln des Baumes ummantelt werden. Nein: Manche Mykorrhizapilze dürfen sogar mit ihren sogenannten Arbuskeln (bäumchenartigen Hyphenstrukturen) bis in die Wurzel und noch weiter in die Baumzellen wachsen. Ein echter Liebesbeweis: denn wäre es ein parasitischer Pilz, dem so Tür und Tor geöffnet würden, ginge es dem Baum sehr schnell an den Kragen. Steinpilz, Pfifferling und Co. gehören zum Beispiel zu dieser Gruppe. Durch die Komplexität dieser Vorgänge gelingt es bis heute nicht, diese beliebten Speisepilze zu züchten.

Einer der wenigen Mykorrhizapilze, die sich bis dato erfolgreich kultivieren ließen, ist der Trüffel. Und das geht so: Das Myzel der Trüffel wird in die Wurzel der richtigen Partnerpflanze (z. B. Haselnuss oder Eiche) injiziert und in speziell präparierte Böden mit einer exakt abgestimmten Nährstoffzusammensetzung gepflanzt. Wenn alles richtig gemacht wird, kann dann nach 6 Jahren mit der ersten Ernte gerechnet werden. Ganz schön kompliziert? Aber auch sehr nachhaltig: Inzwischen werden Trüffel und andere Mykorrhizapilze vermehrt in der Landwirtschaft und dem

It's a kind of magic: Bäume und Pilze sind stark verbunden.

Der Myzelnotruf bei drohender Gefahr

Es hat sich gezeigt, dass die Bäume das Netzwerk des Pilzmyzels verwenden, um Artgenossen vor drohenden Schädlingsangriffen zu warnen. Ist der Baum beispielsweise vom Borkenkäfer befallen, leitet er Signalstoffe, sogenannte Terpene, in das Wurzelsystem. Der Pilz empfängt diese Signale und leitet sie an andere Bäume weiter. Alle Bäume, die mit diesem Netzwerk verbunden sind, werden in weniger als sechs Stunden gewarnt und sind so in der Lage, eine Verteidigungsstrategie vorzubereiten.

Gemüsebau verwendet, zum Beispiel als flüssige Sporenlösung (z. B. „Mykorrhiza Soluble", S. 158) für die Jungpflanzenanzucht. Fast 95 % aller getesteten Arten reagierten positiv darauf und wuchsen zu robusteren, vitaleren Pflanzen heran. So können unter anderem auch Düngemittel eingespart werden. Die Forschung dazu steht aber erst am Anfang – gewiss ist, dass vor allem ein großes Potenzial für Waldpflanzen, allen voran Bäumen, besteht.

Falls du nicht schon jetzt ins Staunen geraten bist, wie faszinierend und ausgeklügelt diese Verbindung zwischen Baum und Pilz ist, hier noch eine letzte Erkenntnis über dieses Dream-Team: Pilze sorgen nicht nur dafür, dass die Pflanzen gut genährt werden, sondern sie sind auch Bindeglied zwischen unterschiedlichen Lebewesen. Ein Pilz kann nämlich auch Nährstoffe an „bedürftige Pflanzen" weitergeben. So erhalten Keimlinge einen zusätzlichen, energiereichen Start ins Leben. Radikale Abholzungen, Bodenverdichtung durch schwere Maschinen, zu hohe Stickstoffeinträge oder durch die Land- und Forstwirtschaft versauerte Böden können diesen Pilzen erheblich schaden. Greift der Mensch in dieses fragile Symbiose-System ein, sollte er sich über die Konsequenzen bewusst sein. Eine nachhaltige, überlegte Aufforstung von unseren Wäldern schlägt Wurzeln und sorgt für gesündere Pflanzen. Eine Strategie, die insbesondere in Zeiten des Klimawandels eine große Bedeutung erlangt.

Ungeahnte Riesen: Pilze breiten ihre weitflächigen Myzelien im Waldboden aus.

24

Schon gewusst ...?

Ein Teelöffel Walderde enthält ca. 3 km Pilzmyzel. Das entspricht in etwa dem Nervengeflecht im menschlichen Gehirn.

Das größte Lebewesen der Erde ist ein Pilz. Der Riesenhallimasch wurde erst im Jahr 2000 entdeckt und erstreckt sich über eine Fläche von mehr als 1200 Fußballfeldern. Er wächst in der Erde des Malheur National Forest in Oregon, USA, und ist in den letzten 2400 Jahren zu einem Giganten mit geschätzten 600 Tonnen herangewachsen.

STIEL UND HUT STEHN IHM GUT: GESTALT UND LEBENSZYKLUS DER PILZE

Es ist nun klar: Der für uns sichtbare Teil eines Pilzes ist nur der oberirdische Fruchtkörper eines weitaus größeren Lebewesens. Darunter erstreckt sich das sagenhafte, unermessliche Myzel. Was gehört noch zum Pilz? Woraus besteht er, wie pflanzt er sich fort?

Die meisten unserer Speisepilze gehören zu den Basidiomyceten, also den Ständerpilzen. Sie besitzen das typische Pilzaussehen mit Hut, Lamellen und Stiel. Dass der Pilz genau so aussieht, ist der Evolution geschuldet. Sein Aufbau hilft ihm dabei, sich zu vermehren. So sorgt der Stiel beispielsweise für eine angenehme Flughöhe der Sporen. Die Lamellen, Röhren oder Poren unter dem Hut des Pilzes fungieren als Sporenträger. Wenn der Pilz reif ist, geben sie die Sporen an die Umgebung ab. Sie verbreiten sich dann z. B. durch Wind oder Insekten in der Atmosphäre.

Die Sporen sind dabei entweder negativ oder positiv gepolt. Sobald die Umweltbedingungen für ihre Keimung ideal sind, sie also auf einem geeigneten Nährboden wie einer Wurzel oder dem Waldboden gelandet sind, verbinden sie sich. Wenn die positiven und negativen Verbindungen aufeinandertreffen, entsteht ein fadenartiges Geflecht, das Myzel. Die einzelnen Fäden, die das Myzel formen, werden Hyphen genannt. Sie sind mikroskopisch klein und die Grundlage der Gestalt. Aus vielen Hyphen bildet sich in weiterer Folge ein rhizomorphes Myzel. Diese Wurzelstränge wachsen zu einem „Pinhead". Aus die-

sem stecknadelähnlichen Knopf entsteht dann der Fruchtkörper. Das letzte Stadium vor dem ausgewachsenen Fruchtkörper wird Primordium genannt. Dieser Entwicklungszyklus ist für die meisten Basidiomyceten charakteristisch.

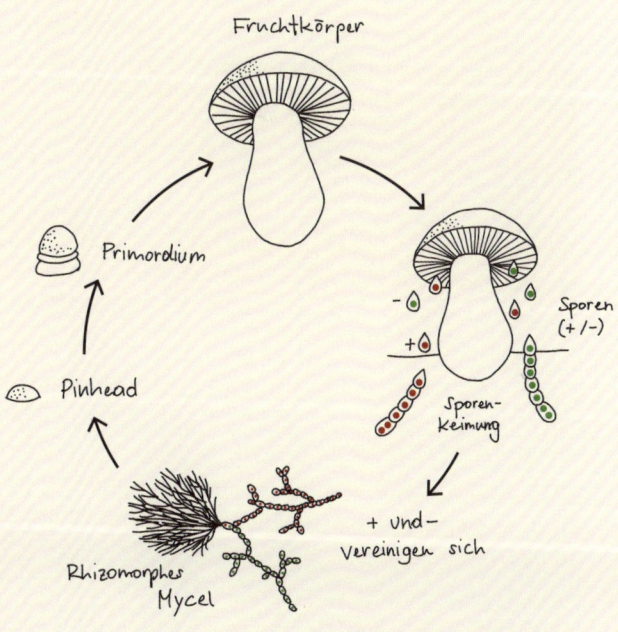

WAS WAR WOHL ZUERST,
der Pilz oder die Spore?

AM ANFANG WAR DIE PILZBRUT

Was in der Natur problemlos und quasi von allein vonstattengeht, kann zu Hause nicht ganz so einfach nachgestellt werden. Wie also funktioniert die Anzucht deiner Pilze? Das Zauberwort in diesem Zusammenhang lautet: Pilzbrut.

↑ **DAS KOMMT REIN IN DIE GETREIDEBRUT:** gutes Korn und Holz!

Damit sich der Pilz später in seinem neuen Zuhause in Holz, Stroh oder Kaffeesatz ansiedeln kann, muss er erst groß und stark werden. Das Myzel wird dabei zuerst auf einen Nährboden in der Petrischale geimpft. Dafür wird zum Beispiel ein Gewebestück aus dem Pilz entnommen. Spezialisten können die Vermehrung selbst durchführen (nähere Infos dazu in der Fachliteratur, S. 156). Das erfordert nämlich Laborbedingungen, mikrobiologische Kenntnisse und sterile Arbeitsbedingungen. Ist das Myzel in der Petrischale gewachsen, kann es auf ein anderes Medium übertragen werden: daraus entsteht später die Pilzbrut. Dabei handelt es sich um organisches Material, das vollständig vom Myzel durchwachsen ist. Bist du angehender Pilzzüchter, kannst du dir die Pilzbrut ganz einfach bestellen (S. 158) – und dann gleich dein Pilzprojekt starten. Denn genau diese Brut verwendest du, um die Pilze in ihr endgültiges Zuhause zu überführen: Du impfst sie in dein gewünschtes Nährmedium Holz, Stroh oder Kaffeesatz. Wie das Impfen funktioniert, erfährst du in den jeweiligen Kapiteln zu den verschiedenen Pilzkulturen. Du kannst dich zum Beispiel auf den Anbau im Garten mit Baumstämmen spezialisieren (S. 36). Oder: das Impfen überspringen und deine Substratkulturen im Beutel am Couchtisch versorgen (S. 86). Du siehst: in der Pilzzucht kann sich jeder genau so viel einbringen, wie er möchte.

Pilzbrut kann aus unterschiedlichsten Rohstoffen und Zuschlagstoffen hergestellt werden. Beim Kauf solltest du unbedingt auf die biologische Herkunft der Rohstoffe achten.

Die gängigsten und bewährtesten Sorten von Pilzbrut, die auch wir verwenden:

Getreidebrut: besteht meist aus Hirse, Roggen, Laubholzspänen und natürlichen Zuschlagstoffen, wie z. B. Gips.

Dübelbrut: dabei handelt es sich um Laubholzdübel, die mit etwas Malz in Wasser gekocht werden und so eine gute Grundlage für das Pilzwachstum bieten.

Jede Art von Brut hat Vorteile. Beimpfst du Baumstämme (S. 40) oder Kaffeesatz

(S. 104), ist Getreidebrut die erste Wahl. Möchtest du nur ein kleines Holz-Beimpfungsprojekt umsetzen, ist Dübelbrut zu empfehlen. Sägemehl-Brut ist aufgrund des eher niedrigen Nährstoffgehalts weniger schimmelanfällig und lange lagerfähig. Sie kann für einige Pilzarten (z. B. bei der kommerziellen Zucht von Shiitakes mit Bohrlochmethode, S. 44) eine willkommene Alternative darstellen. Schlussendlich besiedelt der Pilz das Substrat und kann in weiterer Folge zur Beimpfung von Holz, Stroh, Kaffeesatz oder Kompost verwendet werden.

Das Myzel ist los! Auf Getreide- und Dübelbrut.

Es lebt, es lebt, es lebt … die Pilzbrut! Wie du sie am besten behandelst

Bitte beachte: Das in der Brut eingewachsene Myzel ist lebendig – das bedeutet auch, dass sie nur begrenzt haltbar ist. Die Brut sollte, wenn sie nicht sofort verwendet wird, kühl gelagert werden. Temperaturen von 2–7 °C sind für die meisten Pilzarten ideal. Pilzbrut mit höheren Holzanteilen ist ca. 2–3 Monate haltbar.

Getreidebrut ist extrem vital und wächst schnell in das Nährmedium ein, ist jedoch nur 1–2 Monate lagerfähig. Sobald ein Kulturbeutel erstmalig geöffnet wird, sollte der Inhalt innerhalb von wenigen Tagen (1–2 Tage) verbraucht werden. Durch das Öffnen können sich Keime (z. B. Schimmelpilze)

in der Brut ansiedeln. Es kann zu einer Kontamination führen. Falls die Pilzbrut nicht sofort verbraucht wird, sollte diese zumindest gut verschlossen und kühl aufbewahrt werden.

Dübelbrut ist gut haltbar und kann gekühlt und verschlossen bis zu 4 Monate für eine Beimpfung verwendet werden.

Bezugsquellen für qualitative Brut und empfohlenes Beimpfungszubehör findest du im Anhang auf S. 158.

Unter dem Mikroskop: Wie Pilze vermehrt werden

Du willst es also genau wissen, hm? Alles klar: Wir geben dir einen kleinen Einblick in die Vermehrung der Pilze im Labor. Es gibt in der Pilzzucht zwei in der Praxis bedeutende Vermehrungsformen: die generative und die vegetative Form. Diese Methoden sind ausschließlich für Profis zu empfehlen. Wir möchten hier nur kurz darauf eingehen. Nähere Informationen dazu, wie du deine eigenen Pilze vermehren und deine eigene Pilzbrut herstellen kannst, findest du in der Fachliteratur (S. 156).

Möchtest du der genetischen Vielfalt deiner Pilze freien Lauf lassen, kannst du das mittels generativer Vermehrung, also dem Sporenabdruck, tun. So entwickelt sich ein noch nie zuvor dagewesenes Individuum, geformt aus unendlich vielen Myzelfäden mit den genetischen Informationen der Sporen. Möchtest du ein besonders prachtvolles Pilzexemplar anbauen, das in deinem Garten schon gut gedeiht, kannst du das mittels Gewebekultur, also der vegetativen Vermehrungsform, verwirklichen.

Der Ursprung allen Zuchtpilzlebens in der Petrischale

Für die folgenden Arbeitsschritte ist es unabdingbar, unter sauberen und sterilen Bedingungen zu arbeiten. Sobald du Pilze von der Spore oder dem Gewebestück an kultivieren möchtest, benötigst du ein Labor oder zumindest eine sterile Werkbank. In diesen ersten Vermehrungsstadien haben die Pilze noch große Konkurrenz von anderen Mikroorganismen wie Bakterien und Schimmelpilzen. Wenn du nun einen Pilz mittels Gewebekultur vermehren möchtest, entnimmst du dazu unter sterilen Laborbedingungen ein Stück aus dem Inneren des Pilzes und setzt dies auf eine geeignete Nahrungsgrundlage. Agar-Agar (z. B. aus Malzextrakt oder Kartoffeldextrose) ist ein zuckerhaltiges, gelierendes Mittel, das für viele Pilze ein willkommenes erstes Zuhause bietet. Nachdem das Myzel der Gewebekultur auf dem Nährboden gewachsen ist, kannst du das erste Mal die wurzelartige Myzelstruktur mit bloßem Auge erkennen. Kein Myzel gleicht dem anderen. Es gibt unterschiedliche Wuchsformen, sie sind einzigartig und für einen Pilzexperten Teil der Qualitätskontrolle. Von watteähnlichen über verästelte oder gar im Dunkeln leuchtende gibt es die verrücktesten Myzelgeflechte.

Gemütlicher Zwischenstopp in der Pilzbrut

Auf diesem Nährmedium kann der Pilz nicht ewig überleben, er möchte ein größeres, nährstoffreicheres Zuhause. Mit sterilem Arbeitswerkzeug wird ein Stück des am Agar-Agar gereiften Myzels weiter geimpft. In der Pilzzucht spricht man beim Übersetzen der Pilzkultur auf ein neues Medium vom Impfen, Spicken oder Inokulieren. Sterilisiertes Substrat aus feinen Holzspänen und gekochtem Getreide ist für den wachstumsdurstigen Pilz genau das Richtige. So wird eine sogenannte „Mutter-Kultur" angelegt. Das neue Zuhause ist aufgrund der Größe der zu besiedelnden Masse eine Art von Wohnungs-Upgrade. Mit der Mutter-Kultur wird später jegliche Art von Pilzbrut beimpft. Das letzte Nährmedium vor dem Übertragen auf das fruchtende Nährsubstrat wird nur mit etwa 2–10 % Mutter-Kultur vermischt. Dieser letzte Schritt dauert bei den meisten Pilzarten etwa 2–4 Wochen. Je mehr Volumen das zu besiedelnde Nährmedium hat, desto länger braucht das Myzel, um alles vollständig zu besiedeln. Nur ein stark besiedeltes Medium ist auch fähig, nach der Durchwachsphase in die Fruchtungsphase überzugehen.

**WIE DIE SHIITAKES
IN DEN STAMM KOMMEN?**
Ist doch ganz einfach:
Impfen, gießen, ernten!

DAMIT DAS PILZEZÜCHTEN NICHT ZUM KREUZWORTRÄTSEL WIRD: BEGRIFFSERKLÄRUNGEN

Von dem geballten Pilzwissen und den Fachbegriffen schwirrt dir jetzt der Kopf? Keine Sorge: Hier findest du noch einmal einen Überblick über alles, wovon in diesem Kapitel die Rede war.

↑ **GESTATTEN:** Kräuterseitling mein Name.

WAS DEN PILZ AUSMACHT:

Fruchtkörper: Vermehrungsorgan von mehrzelligen Pilzen

Hut: Teil des Fruchtkörpers vieler Pilze. Man unterscheidet unterschiedliche Formen wie kegelig, gewölbt, ausgebreitet, trichterförmig etc.

Hyphen: einzelne Pilzfäden, die in ihrer Gesamtheit (Hyphengeflecht) das Myzel ausmachen.

Lamellen/Röhren: sporentragende Strukturen

Myzel: Gesamtheit aller Hyphen. Viele Hyphen bilden kompakte Wurzelstränge, die als Rhizomorphes Myzel bezeichnet werden.

Pilz: Darunter versteht man eigentlich nicht nur den Fruchtkörper, sondern die Gesamtheit des Organismus. Die verborgenen, oft unterirdischen Teile werden als Myzel bezeichnet.

Sporen: dienen der generativen Vermehrung und Ausbreitung

Stiel: evolutionär bei einigen Pilzen entwickelt, um die Sporenträger in den Poren oder Lamellen etwas höher vom Erdboden zu platzieren. So können die Sporen z. B. leichter vom Wind verteilt werden.

↑ **FEUCHTE BUCHENHOLZDÜBEL** bilden die schmackhafte Basis deiner zukünftigen Pilze.

↑ **DA STECKT DER PILZ DRIN:** durchwachsene Getreidepilzbrut

WIE SICH DER PILZ WEITERENTWICKELT:

Dübelbrut: Sterilisierte, feuchte und mit Malzextrakt versetzte Laubholzdübel, die mit Pilzbrut beimpft werden. Sie können für die Beimpfung von Baumstämmen verwendet werden. (S. 47)

Getreidebrut: Sterilisierte Mischung aus verschiedenen Getreidesorten, die mit Pilzbrut beimpft werden. Sie kommt vor allem bei Holzkulturen und Kaffeekulturen zum Einsatz.

Impfen: Der Vorgang, bei dem ein Nährmedium (Holz, Stroh, Kaffeesatz) mit Pilzbrut versetzt wird. Das kann sich je nach Kulturart unterschiedlich gestalten: mal wird vermischt, mal wird gesägt, mal auf Holz geklopft.

Pilzbrut: Sterilisiertes Nährmedium, das mit Pilzmyzel beimpft wurde.

↓ **DEINE HOLZSUBSTRATKULTUR** kannst du dir sogar selbst mischen. Wie? Das erfährst du auf S. 97.

BAUMSTÄMME

mehrjährige Ernte

Erdkulturen

Stuben-beimpfung

Shiitake - Kulturen

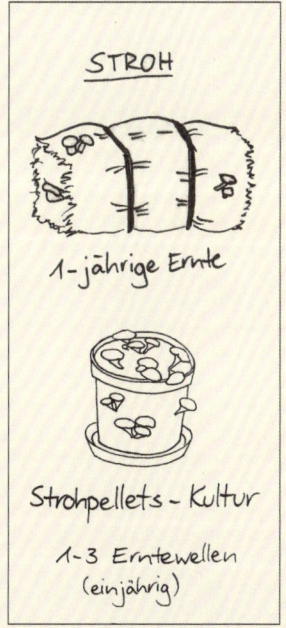

STROH

1 - jährige Ernte

Strohpellets - Kultur

1 - 3 Erntewellen
(einjährig)

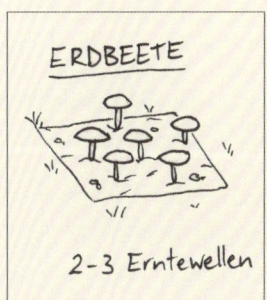

ERDBEETE

2 - 3 Erntewellen

FERTIGKULTUREN
im Haus / Keller

einmalige Ernte

Erdkontakt platziert werden. Abhängig von Pilzart und Stammdurchmesser kann mit 1–2 Ernten pro Jahr über 3–5 Jahre hinweg gerechnet werden. (S. 55)

Erdbeetkultur: Ausgehobener Erdbereich, der mit durchwachsenem Pilzsubstrat auf fermentierter Holzbasis gefüllt wird. Darauf kommt meist eine Deckschicht aus Erde oder Moos. Hier ist eine 1–2-jährige Ernte möglich. Die Pilze gedeihen nur im schattigen Bereich des Gartens. (S. 58)

Strohkultur und Strohpelletskultur: Strohballen, verarbeitetes und gehäckseltes Stroh oder Strohpellets, die einem Fermentationsprozess unterzogen und in weitere Folge mit Pilzbrut versetzt werden. Je nach Kulturart kann hier 2–3 Mal geerntet werden. (S. 64)

Holzsubstratkultur: Befeuchtetes, sterilisiertes Rohstoffgemisch aus Laubholz-Sägespänen, Laubholz-Sägemehl, Getreide, Ölfrüchten und Kleie, das mit Pilzbrut beimpft wird. Durch den hohen Nährstoffgehalt können aus diesem Substrat ohne weitere Überimpfung Pilze geerntet werden. Das heißt, daraus sprießen die Pilze bereits selbstständig. Es ergeben sich meist 1–2 Ernten, danach ist das Substrat verbraucht. (S. 84)

Kaffeekultur: Abgebrühter Kaffeesatz, der mit variablen Zuschlagstoffen wie Kalk, Strohpellets und Kaffeehäutchen (der äußeren Schale von Kaffeebohnen, Abfallprodukt beim Rösten) zu einem nicht sterilisierten Substrat vermischt und anschließend mit Pilzbrut beimpft wird. Später kann es als Fertigsubstrat zur Frischpilz-Produktion verwendet werden. Meist sind 1–2 Ernten möglich. (S. 102)

WO SICH DER PILZ WOHLFÜHLT:

Luftkultur: Mit Getreidebrut oder Dübelbrut beimpfte Baumstämme, die im Garten ohne Erdkontakt aufgelegt oder aufgehängt werden. Sie können über einen Zeitraum von 3–5 Jahren 1–3 Mal pro Jahr beerntet werden. Bei dieser Kultur können nur Shiitakes angebaut werden. (S. 52)

Erdkultur: Baumstämme, die mit Getreidebrut oder Dübelbrut beimpft wurden und nach einer einjährigen Durchwachsphase im Garten mit

WILLKOMMEN IM PILZ-GARTEN! UNTER FREIEM HIMMEL SPRIESST ES SICH GANZ UNGENIERT

FRISCHLUFT SCHNUPPERND, BODENSTÄNDIG, AUSDAUERND

Unser Pilzgarten ist für uns nicht nur ein Nutzgarten, sondern auch ein fabelhafter, entspannter Ort, wo man die Seele baumeln lassen kann. Ein solcher Rückzugsort kann in jedem Garten gefunden werden. Und: Wo man sich selbst wohlfühlt, ist auch Platz für die Entstehung des eigenen Pilzgartens. Deine Pilze möchten nämlich nicht nur die unliebsamen Ecken deines Gartens bewandern. Sie haben ebenfalls spezielle Ansprüche und hoffnungsvolle Erwartungen an ihr neues Zuhause. Für deinen eigenen Pilzgarten bieten sich vor allem die zwei Materialien Holz und Stroh an. Damit kannst du verschiedene Kulturen züchten – vom luftigen Shiitake-Stamm über die Erdkultur mit Moosperücke bis hin zur schnellen, unkomplizierten Strohkultur. Unabhängig davon, wie der zukünftige Standort für deine Pilze anfangs aussieht: Mit etwas Zuwendung und Pflege entsteht bald eine neue Wohlfühloase für dich und deine Pilzkulturen. Egal ob Herbst, Winter, Frühling oder Sommer – der Pilzgarten präsentiert sich mit Hut, Charme und Aroma. Um den richtigen Platz für deinen Pilzgarten zu finden, kannst du dich auf eine kurze Reise in den eigenen Garten begeben. Hörst du den wundersamen Geschöpfen etwas genauer zu, verraten sie dir alles, was du über sie wissen möchtest. Hörst du es schon, das Pilzgeflüster?

LOCKER-LÄSSIG LÄSST ES SICH IM PILZGARTEN ABHÄNGEN. Das gefällt den Shiitakes.

DIE BALANCE HALTEN –
und natürlich die selbstge-
züchteten Pilze

PILZE AUF HOLZSTÄMMEN: NAHRHAFT, LANGLEBIG, MYSTISCH

Pilze sind schlaue Köpfe! Sie besiedeln in der Natur die tiefsten unterirdischen Wurzeln und erklimmen die höchsten Bäume. Sie sind Teil des Ökosystems und erfüllen eine wichtige Rolle im Wald. Die Bäume sind ihre liebsten Kumpane. So ist es kein Wunder, dass sie sich auch im Pilzgarten liebend gern mit ihnen zusammentun. Kultivierst du Pilze im Freiland, ist der Anbau auf Laubholzstämmen die nachhaltigste und langlebigste Variante, um viele Jahre prächtige Pilze zu ernten.

Beschäftigt man sich mit seinem Garten, merkt man schnell, wie schön der Kontakt mit dem eigenen Stückchen Boden sein kann. Dennoch: Manchmal tut es uns gut, etwas abzuheben, Abstand zu gewinnen und die Welt von oben zu betrachten. So ist es auch mit deinen Pilzen! Die einen lieben den Erdkontakt, die anderen schweben bevorzugt in schwindligen Höhen und genießen die frische Luft!

Stockschwämmchen (S. 127), Seitlinge (S. 120–123, 130, 135) oder Igelstachelbart (S. 131) siedeln sich gerne in Bodennähe an. Daher bezeichnen wir sie als Erdkultur (S. 55). Der Shiitake benötigt als einzige Art keinen Bodenkontakt – er zählt zur Luftkultur (S. 52). Du kannst dir also vorab überlegen, welche Kulturarten du in deinem Pilzgarten anlegen möchtest und entscheiden, welche Anbauart auf deinem Platz umsetzbar ist.

EIN PFLANZENMEER FÜR DEINEN PILZGARTEN

Worauf musst du bei der Planung deines Pilzgartens achten? Schau dir an, wo sich die Pilze am wohlsten fühlen könnten. Ein schattiger, windgeschützter Platz mit hoher Luftfeuchtigkeit ist optimal für alle Pilzkulturen. Pilze lieben Moos, Farne, gute Gesellschaft und Gespräche mit Pflanzen.

Je besser die Stammfeuchte im Holz gehalten werden kann, umso wohler fühlen sich die Pilze. Bäume, Sträucher und andere schattenspendende Pflanzen schaffen ein optimales Kleinklima und sind von großer Bedeutung für das gute Gedeihen deiner Pilzfreunde. Das Blattwerk von Laubbäumen bietet den optimalen Schutz vor zu viel Sonne. Nadelbäume lassen oft zu wenig Regen in Richtung Boden durchsickern – da vor allem Erdkulturen (S. 55) auf gesunde, feuchte Erde angewiesen sind, kommen diese als schützende Beschatter weniger in Frage.

KÜHL UND NASS, in bester Pflanzengesellschaft. So mögen es auch deine Pilze!

Ganz schön verwachsen? Je größer das Blätterdach über deinem Pilzgarten, desto besser kann ein feuchtes Mikroklima erhalten werden. Ob Funkie, Elfenblume oder Anemonen – es gibt für jede Jahreszeit wunderbaren Blumen- und Blattschmuck. In unserem Pilzgarten ist alles Schöne willkom-

men. Besonderen Reiz hat zum Beispiel das Mammutblatt. Es treibt jeden Frühling mit neuen Blättern aus der Erde und wird im Laufe des Jahres bis zu 1,5 Meter groß. Nicht nur die Pilze finden Gefallen an diesen wunderbaren Pflanzen, sondern sie sind auch genial für den einen oder anderen Spaß im Pilzgarten.

Apropos Meer: Wasserstellen bieten sich ebenfalls für deinen Pilzgarten an. Ein kleiner Teich und ein vorbeifließender Bach sind nicht nur ein Traum, um an heißen Sommertagen Entspannung in der Hängematte zu finden. Sie sind auch ein gern gesehener Mikroklima-Erhalter. Hecken und Sträucher rund um den Pilzgarten zu pflanzen, ist ebenfalls zu empfehlen. Das schützt die Pilze vor Wind und Wetter. Mögliche Sträucher für eine Hecke wären z. B. Hainbuche, Rotbuche, Ginster, Sommerflieder, Kornelkirsche,

Feldahorn, Osterstrauch, Haselnuss, Hartriegel, Kopfweiden oder Holunder. Eine alte Streuobstwiese kann mit einigen zusätzlichen Pflanzungen einen optimalen Standort ergeben.

EIN JAHR IM LEBEN DEINER PILZE

Egal, welche Pilzart oder Kulturmethode dir gefällt, der Pilzanbau im Freien ist stark mit den Jahreszeiten verbunden. Du startest am besten in der kalten, vegetationslosen Jahreszeit mit der Planung für deinen Pilzgarten. Von Januar bis Februar gibt es ideale Bedingungen für das Schlagen von Pilzholz. Von April bis Mai (spätestens Juni) können die vorbereiteten Stämme beimpft werden. Bei Temperaturen um 20 °C kann das Pilzmyzel am besten in das Holz einwachsen.

Nach dem Impfen brauchen die „Frischlinge" ca. 1 Jahr für das Durchwachsen. Im zweiten Frühjahr kann die Kultur-anlage starten. Zu diesem Zeitpunkt solltest du schon einen geeigneten Platz ausgewählt haben. Sobald der Pilz gut in den Holzstamm eingewachsen ist, kannst du ihm schon beim Wachsen zuschauen, reichlich ernten und genießen. Holzkulturen zeichnen sich durch ihre Langlebigkeit aus. Abhängig von Pilzart, Baumart und Stammdurchmesser kannst du dich 3–5 Jahre über Pilze freuen. Dabei wird der Baumstamm nur einmal beimpft: Das Myzel lebt so lange im Stamm, bis nichts mehr von ihm da ist. Diesen mystischen Kreislauf der Natur zu beobachten, erfüllt uns jedes Mal mit Staunen und etwas Ehrfurcht. Ein Stamm, der uns über viele Jahre mit Pilzen beschenkt, wird wieder zu Erde. Das ist nachhaltig und macht Sinn!

EICHE, BUCHE ODER BIRKE? DAS RICHTIGE HOLZ FÜR DEINEN PILZ

Der beste Zeitpunkt zum Schlagen von Pilzholz ist im Winter oder zeitigen Frühjahr. In dieser Zeitspanne befindet sich ein höherer Zuckergehalt in den Zellen der Bäume. Dieser begünstigt das Myzelwachstum und ist essentiell für eine rasche Besiedelung. Dabei ist Hartholz dem Weichholz vorzuziehen. Die Durchwachsphase dauert zwar im Vergleich länger, das Holz ist aber langlebiger und kann bis zu 5 Jahre beerntet werden. Ideal für deinen Pilzgarten!

Das Holz soll zum Zeitpunkt der Beimpfung nicht länger als 4 Monate gelagert worden sein. Wartest du zu lange, können sich Fremdpilze ansiedeln und die Stammfeuchte lässt nach. Beides wirkt sich negativ auf die Besiedelung deiner Pilzfreunde aus. Achte außerdem darauf, dass die Rinde der Baumstämme nicht beschädigt ist (S. 40).

Pilze sind zwar nicht sehr wählerisch, aber gedeihen umso besser, wenn du ihnen ihr Lieblingsholz zum Verspeisen vorsetzt. Durch langjährige Versuche und das Erforschen der Lebensbedingungen der Pilze in der Natur weiß man, welche Hölzer bessere Erträge bringen und unkomplizierter sind. Schau auf die Tabelle S. 39!

→
BALD ERNTEST AUCH DU
einen Korb voller Vielfalt!

Mach dich schlau …

In der Tabelle siehst du, welcher Pilz am besten mit welchem Holz harmoniert. Die erstgenannten (fett gedruckten) Arten sind dabei die ertragreichsten. Der optimale Stammdurchmesser variiert von Pilz zu Pilz. Was die Länge betrifft, so empfehlen wir 1 Meter lange Rundhölzer. In diesem Fall sind die Stirnseiten, an denen die Hölzer am ehesten austrocknen, noch nahe genug beieinander, um eine gute Stammfeuchte in der Durchwachsphase aufrechtzuerhalten.

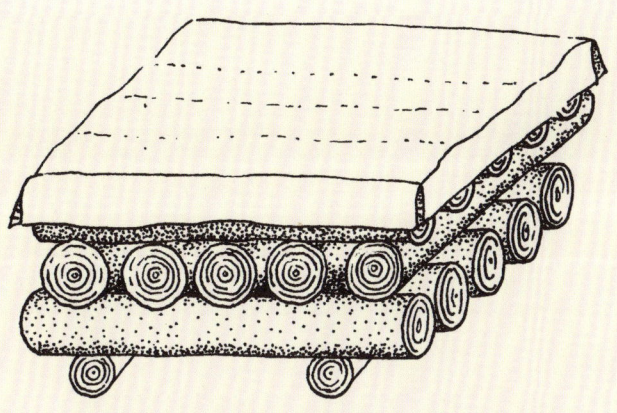

↑ **BIS ZUR BEIMPFUNG** sollten die Stämme schattig und mit einer Plastikplane zugedeckt gelagert werden. Am besten eignet sich ein Kreuzstoß. So hält frisch geschlagenes Holz die Stammfeuchte bis zu 4 Monate.

Pilzart	Holzart	Stammdurchmesser (bei Länge: 1 m)
Shiitake	**Eiche, Buche,** Hainbuche, Birke, Haselnuss	10–15 cm
Gelber Austernseitling	**Buche,** Pappel, Erle, Ahorn, Esche	20–30 cm
Taubenblauer Austernseitling	**Buche,** Erle, Ahorn	20–30 cm
Waldviertler Austernseitling	**Buche,** Ahorn, Erle, Pappel	20–30 cm
Sommerseitling	**Buche,** Pappel, Esche	20–30 cm
Stockschwämmchen	**Birke, Buche,** Eiche, Erle, Weide	25–35 cm
Nameko	**Birke, Buche**	25–35 cm
Igelstachelbart	**Birke,** Buche	20–25 cm
Ästiger Stachelbart	**Birke**	20–25 cm
Reishi	**Buche, Erle,** Pappel	20–25 cm
Rauchblättriger Schwefelkopf	**Fichte,** Tanne	25–30 cm
Mondscheinpilz	**Buche**	20–25 cm
Leuchtpilz	**Birke, Buche,** Eiche	20–25 cm
Samtfußrübling	**Weide**	15–25 cm

... und schau genau!

Wichtig ist die Qualität der Rinde. Beim Fällen der Bäume ist darauf zu achten, dass die Rinde nicht beschädigt wird. Die Rinde schützt das Myzel vor dem Austrocknen. Es darf nur gesundes Holz verwendet werden, das im Winter oder Frühjahr gefällt wurde. Trockenes oder von Schädlingen oder Schadpilzen befallenes Holz eignet sich nicht für deine Pilzkulturen. Die Rinde könnte sich vorzeitig ablösen und eine erfolgreiche Besiedelung verhindern. Ist der Pilz einmal ins Holz geimpft, startet der natürliche Zersetzungsprozess. Bei einigen Hölzern wie Buche, Pappel oder Ahorn löst sich dabei die Rinde von Natur aus. Diese eignen sich somit besser für Erdkulturen, denn sie können mit Moos abgedeckt werden (S. 55), aus dem die Pilze gerne hervorsprießen. Eiche und Birke haben hingegen eine dickere und zähere Rinde. Sie können 3–7 Jahre lang verwendet werden. Mit diesem Wissen kannst du deinen Pilzgarten optimal planen: Wenn du alle 2–3 Jahre ein paar weitere Stämme beimpfst, hast du über viele Jahre gute und ertragreiche Ernten.

Wie kommst du am besten an Holzstämme?

Natürlich ist es regional unterschiedlich, wie gut man an geeignetes Pilzholz gelangt – den Luxus eines eigenen Waldes haben die wenigsten. Frag einfach Bauern in deiner Gegend, ob sie im Winter passendes Holz für deine Zwecke mitschlägern würden. In Stadtnähe kannst du auch bei Baumpflege- bzw. Baumschnitt-Unternehmen, Stadtgarten-Magistraten oder Forstbetrieben anfragen, ob solche Bäume gefällt werden. Es wird immer wieder passendes Pilzholz gefällt und zumeist sogar manuell abgetragen, wodurch weniger Rindenverletzungen entstehen. Ein weiterer Vorteil: Oft sind diese Stämme bereits in transportable Meterstücke geschnitten. Bäume, die mittels Harvester (Holzerntemaschine) gefällt wurden, eignen sich nur bedingt als Pilzholz: Fehlen große Rindenpartien, trocknet der Stamm aus und das Myzel kann sich nicht ausbreiten.

Setze dich am besten im Winter mit dem Holzlieferanten deiner Wahl in Verbindung, um an frisches und gesundes Holz zu kommen. Erwähne dabei unbedingt, für welche Zwecke du es benötigst und verweise auf die Qualitätsmerkmale und den richtigen Stammdurchmesser.

STARTSCHUSS FÜR DEINE PILZKULTUR: DIE BEIMPFUNG

Es wird spannend: Du hast deine Holzstämme organisiert, die Pilzbrut liegt bereit. Die Frage ist nur: Wie kommt der Pilz ins Holz? Wir stellen dir 3 Methoden vor, mit denen du dafür sorgen kannst, dass sich das Myzel ganz frei und ungehindert im Stamm ausbreiten kann. Bitte achte aber trotz aller Euphorie immer auf einen sorgsamen Umgang mit deinen Geräten. Wenn du mit Kettensäge und Co. nicht vertraut bist, kannst du andere Pilzfreunde zu Hilfe holen.

MIT DEM RICHTIGEN HOLZ schaffst du deinen Pilzen ein Plätzchen zum Wohlfühlen.

Was passt zu mir?

Um herauszufinden, welche Art der Beimpfung dir am liebsten ist, kannst du dich kurz auf eine gedankliche Reise in deinen Geräteschuppen begeben. Nimmst du lieber deine Kettensäge, eine Bohrmaschine, bastelst du wild drauflos oder bittest du deine Partnerin, die Sache in die Hand zu nehmen? Egal wie deine Antwort ausfällt – beim Pilzgärtnern findet jeder eine Lieblingsbeschäftigung!

Kettensägen-Liebhaberinnen aufgepasst! Die Schnittimpfmethode

Hörst du deine Motorsäge schon knattern? Perfekt: Die Schnittimpfmethode eignet sich wunderbar, um das Myzel großflächig und in kurzer Zeit in den Holzstamm zu verfrachten. Du kannst die Schnittimpfmethode bei vielen Pilzarten anwenden. Besonders Shiitakes (S. 119) und Seitlinge (S. 120–123, 130, 135) sind extrem unkompliziert und lassen sich gerne in den Schnittflächen nieder, die du für sie ausgesägt hast. (S. 42)

cher ist. Bei Hölzern mit zähen Rinden wie der Birke freut sich auch der Pilz über die Erleichterung: So muss er keine Barriere überwinden, sondern kann ganz einfach aus den Bohrlöchern sprießen. (S. 44)

Emsig bohren, hämmern und impfen! Für die Heimwerkerinnen unter uns: die Bohrlochmethode

Sobald du deine Bohrmaschine in der Hand hältst, kann es schon losgehen. Die eignet sich besonders für alle Pilzarten, die etwas zimperlich sind. Igelstachelbart (S. 131), Ästiger Stachelbart (S. 134), Stockschwämmchen (S. 127), Leuchtpilz (S. 139) und viele andere Erdkulturen können so erfolgreich gezüchtet werden. Der große Vorteil bei der Bohrlochmethode: Das Myzel ist geschützt und kann sich gut in den Stamm einwachsen. Diese Methode bringt außerdem die größten Erfolgschancen, wenn man Neues probiert und der Beimpfungserfolg noch nicht sicher

Pilzgärtnern mit Kindern: die Dübelimpfmethode

Die Natur ist aufregend, nichts ist identisch, alles ist einzigartig. Es macht Spaß, zu beobachten, zu lernen und schließlich die „Früchte" seiner Arbeit zu ernten. Kinder bewegen sich intuitiv und konzentriert durch die Welt. So sind sie auch beim Pilzgärtnern mit voller Begeisterung dabei. Die Dübelimpfmethode ist sehr unkompliziert und die erste Wahl, wenn man nur 1–2 Stämme zu beimpfen hat. Dübelbrut hat den Vorteil, dass sie sehr robust ist und länger haltbar als Getreidebrut. Zudem lässt sie keine gefräßigen Tierchen wie Insekten und Mäuse an sich heran. (S. 47)

Ansetzen, schneiden, los! Die Schnittimpfmethode:

Deine Sägezähne sind schon gebleckt? Lies hier nach, wie du die Schnitte setzen und die Pilzbrut einfüllen kannst:

Du brauchst:

- 6–8 Holzstämme (Shiitakes), 2–3 dicke Holzstämme (Seitlinge)
- Holzbock als Stütze
- Kettensäge
- Gewebeband
- Cutter (Stanley-Messer)
- Holzstäbchen zum Befüllen
- 2 Liter Getreidebrut (z. B. Shiitakes, Austernseitlinge)
- Tacker/Heftmaschine
- Aluminiumdose zum Beschriften

SCHRITT 1: SCHNITTE SETZEN

Für die Luftkultur (Shiitake-Stämme) setzt du insgesamt 3 Schnitte.

Damit der Stamm während des Sägevorgangs nicht wegrollen kann, leistet ein Holzbock gute Dienste. Achte dabei immer auf Arbeitssicherheit. Zum Beimpfen von Shiitake-Stämmen schneidest du die Holzstämme nach der Viertel-Regel ein. Setze 3 Schnitte im Abstand von je ca. 25 cm. Der mittlere Schnitt liegt dabei gegenüber den beiden anderen Schnitten. Schneide bis zur Hälfte des Stammdurchmessers. So ist die nötige Stabilität des Stammes über mehrere Jahre gegeben, ohne

dass er irgendwann auseinanderbricht. Die Schnitte sollen ca. 1,5 cm breit sein, damit sich die Brut gut einfüllen lässt.

"Viertel - Regel"

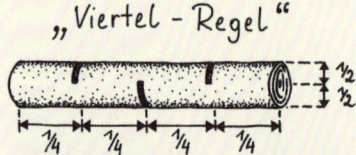

Für Erdkulturen setzt du 2 tiefere Schnitte.

Beimpfst du die Stämme für eine Erdkultur (z. B. mit Austernseitling, Stockschwämmchen, Nameko), schneidest du die Holzstämme nach der „Kurz-übers-Drittel-Regel" ein. Der Schnitt ist ebenfalls ca. 1,5 cm breit. Er reicht etwa 2 Drittel in den Stamm hinein. Da die Erdkulturen nach 1 Jahr Durchwachsphase sowieso gedrittelt werden (S. 55), kann der Schnitt tiefer gesetzt werden – auf die Stabilität des Stammes musst du hier also nicht so genau achten wie bei den Shiitake-Stämmen für die Luftkultur.

„Kurz-übers-Drittel Regel"

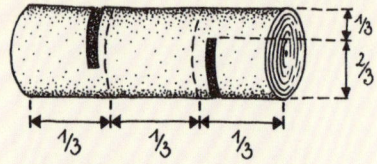

SCHRITT 2: SCHNITTE ABDECKEN

Verschließe die Schnitte vor dem Beimpfen mit Gewebeband. Schneide dann in jeden verschlossenen Schnitt mit dem Cutter eine kleine Öffnung (ca. 5 cm lang).

SCHRITT 3: BEIMPFEN

Fülle die Öffnungen mit Hilfe des Holzstäbchens randvoll mit Brut und drücke diese gut fest.

SCHRITT 4: IMPFSTELLEN SCHLIESSEN

Verschließe nun die Impfstellen gut mit dem Gewebeband, damit keine Insekten oder Schnecken eindringen können und das Myzel nicht austrocknet. Befestige die Ränder mit Heftklammern.

SCHRITT 6: DURCHWACHSEN LASSEN

Jetzt gönnst du deinen Stämmen erst einmal eine ausgiebige Verschnaufpause. Die braucht das Myzel, um das Holz zu durchdringen. Nach einem Jahr fruchten dann die ersten Pilze aus ihrem Holzversteck! (S. 49)

SCHRITT 5: BESCHRIFTEN

Schneide mit dem Cutter einen Streifen aus der Aluminiumdose und beschrifte ihn, indem du ihn einritzt. Anschließend befestige ihn mithilfe des Tackers oder der Heftmaschine an einer Stirnseite des Stammes. Es hat sich bewährt, den Namen der Pilzart und das Beimpfungsjahr auf jedem beimpften Stamm zu vermerken. Mit der Zeit kann man nämlich schon einmal vergessen, welcher Pilz in welchem Holz steckt!

So machst du's richtig:

➤ **Saubere Sache:** Achte auf Sauberkeit, um eine Infektion der Brut zu verhindern. Wasche vor dem Befüllen deine Hände oder benutze Handschuhe.

➤ **Auf „Los" geht's los:** Lass so wenig Zeit wie möglich vergehen. Fülle die Pilzbrut also gleich ein, nachdem du die Schnitte gesetzt hast. So bleibt die Stammfeuchte erhalten und keine fremden Pilzsporen können in das Holz eindringen.

➤ **Safety First:** Verwende geeignete Schutzkleidung beim Arbeiten mit der Kettensäge.

➤ **Immer schön der Reihe nach:** Beimpfe immer nur eine Pilzart auf einen Holzstamm!

➤ **Auf die Länge kommt's an:** Stämme mit 1 Meter Länge sind ideal für die Holzbeimpfung, da so die Stammfeuchte gut gehalten werden kann.

➤ **Doppelt gemoppelt:** Um das Holz extra widerstandsfähig gegen gefräßige Nager zu machen, umwickle die von Gewebeband umhüllten Impfstellen noch zusätzlich mit Aluminium-Klebeband. So haben Eindringlinge keine Chance!

Klopf, klopf – wer da?
Die Bohrlochmethode

Achtung, es wird laut! Jetzt kannst du bohren und hämmern, was das Zeug hält. Natürlich sanft genug, damit du deinen Holzstämmen nichts zuleide tust. Mit Hammer und Trichter bringst du die Pilzbrut im Nu in den Stamm. Schau mal hier:

Du brauchst:

- *2–3 dicke Laubholzstämme (20–35 cm Durchmesser, 1 Meter Länge)*
- *Bleistift oder Marker zum Einzeichnen der Bohrungsstellen*
- *Bohrmaschine: Schlangenbohrer empfohlen (18 mm Durchmesser)*
- *Trichter zum Einfüllen*
- *rundes Holzstäbchen mit passendem Durchmesser zum Einfüllen (unter 18 mm)*
- *2 Liter Getreidebrut (z. B.: Stockschwämmchen, Nameko, Igelstachelbart, Ästiger Stachelbart, Gelber Austernseitling, Samtfußrübling)*
- *Bohrlochplättchen aus Buchenholz (5 mm Dicke, 18 mm Durchmesser)*
- *Hammer*
- *Spezialwachs und Pinsel zum Verschließen der Bohrlöcher (S. 158)*
- *Stövchen mit Kerze/elektrische Heizplatte zum Erhitzen des Wachses*
- *Cutter (Stanley-Messer)*
- *Aluminiumdose zum Beschriften*
- *Tacker/Heftmaschine*

SCHRITT 1: BOHRLÖCHER MARKIEREN

Bei einem Stammdurchmesser von 25–30 cm bohrst du insgesamt 35–40 Löcher in den Stamm. Dafür teilst du den Stamm in 5–6 Reihen auf und bohrst ca. 6–7 Löcher pro Reihe. Zeichne dir am besten mit einem Marker oder Bleistift die geplanten Löcher am Stamm an.

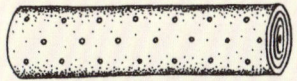

35-40 Löcher gesamt

6-7 Löcher / Reihe
5-6 Reihen

SCHRITT 2: BOHRUNGEN SETZEN

Bohre mit dem Schlangenbohrer im Abstand von etwa 5–10 cm Löcher mit einer Tiefe von 10–12 cm. Es gibt Spezialbohrer wie den Schlangenbohrer, die für die Arbeit mit feuchtem Holz besser geeignet sind als herkömmliche Holzbohrer. Die Anzahl der Bohrlöcher sollte nicht zu gering sein – je mehr, desto besser.

SCHRITT 3: BEIMPFEN

Stopfe mit einem Trichter und einem Holzstäbchen die zerbröselte Pilzbrut möglichst dicht in das Bohrloch. Die Brut soll dabei fest und ohne größere Hohlräume eingefüllt werden.

SCHRITT 4: IMPFSTELLE VERSCHLIESSEN

Verschließe die Bohrlöcher jeweils mit einem Holzplättchen. Klopf es mit einem Hammer fest. Erhitze das Wachs mithilfe eines Stövchens mit Teelicht oder einer Heizplatte, bis es sich verflüssigt. Versiegle die Impfstelle anschließend mit dem flüssigem Wachs und einem Pinsel. So trocknet die Pilzbrut nicht aus und das My-zel kann sich ungestört ausbreiten. Wir verwenden ein Spezialwachs, das auch bei kalten Temperaturen stabil bleibt und sich nicht von der Rinde ablöst.

Für die Handwerker unter uns:

Die Holzplättchen kannst du selbst anfertigen oder im Beimpfungs-Set mit Trichter, Wachs, Pinsel und Holzstäbchen erwerben (S. 158). Hast du handwerkliches Geschick und tüftelst gerne, kannst du sie dir auch selbst zurechtschneiden. Im Baumarkt findest du Buchenrundstäbe. Diese sollten den gleichen Durchmesser wie dein Bohrer haben, schneide sie also mit einer Kappsäge zurecht. Eine Dicke von 5 mm eignet sich hervorragend, um die Bohrlöcher zu verschließen.

SCHRITT 5: BESCHRIFTEN

Schneide mit dem Cutter einen Streifen aus der Aluminiumdose und ritze darin Pilzsorte und Beimpfungsjahr ein. Befestige ihn mit dem Tacker oder der Heftmaschine an einer Stirnseite des Stammes. Beschriftest du deine Pilzstämme sorgsam, gibt es später keine Verwirrung, welchen Pilz du ins Holz beimpft hast.

SCHRITT 6: DURCHWACHSEN LASSEN

Mach es deinen Stämmen in einem schattigen Bereich deines Gartens gemütlich, versorge sie mit ausreichend Wasser und lass das Pilzmyzel ganz still und heimlich seine Arbeit machen. (S. 49)

Reiche Stockschwämmchen-Ernte

Stubenhocker aufgepasst!

Schon gehört? Mit der Bohrlochmethode kannst du eine besondere Art der Erdkultur beimpfen: Baumstümpfe mit Wurzelstock. Da die Holzmasse entsprechend größer als bei einem gefällten Holzstamm ist, kann es etwas länger dauern, bis die ersten Pilze kommen. Dafür umso ertragreicher, wenn du ihnen zusätzlich die passende Moosfrisur verpasst (S. 57). Fällst du den Baum selbst, lass mindestens 30 cm des Baumstumpfes aus dem Boden herausragen. Beimpfe sowohl die Seiten als auch die Schnittfläche. Der Baumstumpf soll nicht in der prallen Sonne sein. Entweder steht er bereits im Schatten oder du musst dich selbst um die Beschattung kümmern. Beachte dabei die für die einzelnen Pilzarten empfohlenen Baumarten (S. 39). Wenn du Baumstümpfe verwendest, beschleunigst du den natürlichen Zersetzungsprozess – und erntest gleichzeitig wunderbar köstliche Speisepilze. Eine Win-win-Situation!

46

Aufgepasst, liebe Kinder! Die Dübelimpfmethode

Jetzt brauchst du erst einmal deine kleinen Helferlein. Damit sind nicht nur die Dübel mit Pilzbrut gemeint. Auch Kinder helfen gerne fleißig mit. So lernen sie spielerisch den Umgang mit natürlichen Ressourcen und können den Pilzen mit Staunen beim Wachsen zusehen. Das geht so:

Du brauchst:

› *1–2 Laubholzbaumstämme (Luftkultur: 10–15 cm, Erdkultur: 20–35 cm)*
› *Bleistift oder Marker zum Einzeichnen der Bohrungsstellen*
› *1 Packung Dübelbrut mit ca. 100 Dübeln (z. B. Shiitakes, Seitlinge, Stockschwämmchen, Leuchtpilz)*
› *Bohrmaschine: Schlangenbohrer empfohlen (9 mm Durchmesser)*
› *Hammer*
› *Spezialwachs und Pinsel zum Verschließen der Bohrlöcher (S. 158)*
› *Stövchen mit Kerze/elektrische Heizplatte zum Erhitzen des Wachses*
› *Cutter (Stanley-Messer)*
› *Aluminiumdose zum Beschriften*
› *Tacker/Heftmaschine*

SCHRITT 1: BOHRLÖCHER MARKIEREN

Markiere zuerst die Stämme an den Stellen, an denen du die Bohrungen ansetzen möchtest. Wenn du einen dünnen Stamm (15 cm) beimpfen möchtest, sind 50 Dübel ausreichend. Bei dickeren Stämmen versenkst du bis zu 100 Dübel in einem Meter Stamm. Plane in gleichmäßigen Abständen 6–10 Reihen ein. Pro Reihe bohrst du dann 5–10 Löcher. Verschließe die Schnitte vor dem Beimpfen mit Gewebeband. Schneide dann in jeden verschlossenen Schnitt mit dem Cutter eine kleine Öffnung (ca. 5 cm lang), um die Brut einzufüllen.

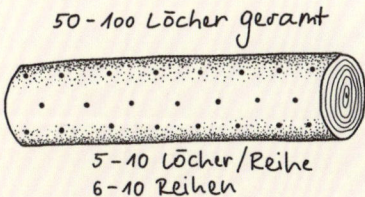

50–100 Löcher gesamt
5–10 Löcher/Reihe
6–10 Reihen

SCHRITT 2: BOHRUNGEN SETZEN

Die Pilzdübel haben üblicherweise einen Durchmesser von 8,5–9 mm. Verwende also einen Bohrer mit einem 9 mm dicken Aufsatz. Die Löcher setzt du dann 4–5 cm tief.

SCHRITT 3: BEIMPFEN

Mit einem Hammer werden die beimpften Holzdübel in die Löcher versenkt. Spätestens jetzt findest du heraus, ob du tief genug gebohrt hast. Der Dübel sollte zur Gänze im Loch verschwinden.

SCHRITT 4: IMPFSTELLE VERSCHLIESSEN

Auf die Bohrungsstelle trägst du dann das flüssige Wachs mit einem Pinsel auf. Erhitze es auf einem Stövchen mit Teelicht oder einer Heizplatte, damit es schmilzt. Es dichtet die Impfstelle ab und hilft gegen das Austrocknen.

SCHRITT 5: BESCHRIFTEN
Wie bei allen anderen Beimpfungsmethoden ist das Beschriften der Stämme wichtig für die Nachvollziehbarkeit.

Schneide einen Streifen aus der Aluminiumdose und ritze Pilzart und Jahreszahl ein. Anschließend tackerst du ihn an einer Stirnseite des Stammes fest. So weißt du jederzeit, welcher Pilz sich hier gerade einnistet.

SCHRITT 6: DURCHWACHSEN LASSEN
Jetzt kannst du dich zurücklehnen und dem Myzel beim Wachsen zuschauen. Auch hier dauert die Durchwachsphase 1 Jahr lang.

GUT DING BRAUCHT WEILE: DIE DURCH-WACHSPHASE

Nach dem Beimpfen wächst das Myzel in das Holz ein. Die Durchwachszeit hängt von der Holzart, dem Durchmesser und der Brutmenge ab. Wir empfehlen eine Wartezeit von 1 Jahr bis zur Kulturanlage. Lagere deine Stämme in einem Kreuzstoß (S. 39). Ein schattiger, feuchter Platz im Freien begünstigt die rasche Besiedelung. Bedecke die Stämme am besten mit einer Plastikplane. So wird ein feuchtes Kleinklima aufrechterhalten und die Rinde wird nicht ständig von Wind und Wetter in Mitleidenschaft gezogen.

Beimpfst du deine Holzstämme im Frühjahr, beginnt sich das Myzel sofort auszubreiten. Gegen Ende des ersten Sommers kann es passieren, dass sich leichte Risse auf den Stirnseiten bilden. Solange sie sich nicht allzu stark vergrößern, muss der Stamm in der Durchwachphase nicht bewässert werden. Die nötige Feuchtigkeit ist bei im Winter oder Frühjahr gefälltem Holz bis ins nächste Jahr gegeben. Bis zum Herbst befindet sich der Pilz dann schon so richtig auf dem Holzweg. Sobald es kalt wird, verlangsamt sich das Wachstum, absterben kann das Myzel bei Minusgraden im Winter jedoch nicht. Auch in der kalten Jahreszeit ist die Lagerung im Freien mit Abdeckung also zu empfehlen, da die Luftfeuchtig-

↑ **EINGEWINTERT! Beimpfte Stämme im Dornröschenschlaf.**

keit angenehm hoch ist. Lagert man die Stämme über den Winter in einem Keller oder Wohnraum, kann sich das negativ auf die Qualität des Pilzstammes auswirken. Verbleibt der Stamm in der Durchwachsphase wo er ist, benötigt er fast keine Pflege.

Der feine Pilzduft des Myzels lockt aber auch so manch unliebsamen Gefährten an. Bei einem langen Winter kann es passieren, dass Mäuse den proteinreichen Pilzbrut-Snack wittern und sich im Kreuzstoß ein gemütliches Winterquartier einrichten. Damit du nach der Durchwachsphase keine unangenehme Überraschung erlebst und die Beimpfungs-Arbeit nicht umsonst war, kannst du die Stöße 1–2 Mal im Winter auf Fraßschäden kontrollieren. Betroffen sind aber nur Stämme, die mit Schnittimpfmethode beimpft wurden. Die gefräßigen Tierchen beißen sich hier manchmal durch das Gewebeband.

FRÜHLINGS-ERWACHEN: DIE AUSWINTERUNG

Im zweiten Frühjahr startet das Ausmieten der Stämme. Das Pilzmyzel hat den Stamm bereits gut besiedelt. Manchmal sieht man an den Schnittstellen und auf den Stirnseiten das weiße Myzel des Kulturpilzes. Hast du deine Stämme mittels Schnittimpfmethode beimpft, kannst du im April das Klebeband von den Impfstellen entfernen. Du hast einen Shiitake-Stamm kultiviert? Wundere dich nicht, wenn dir die Farbe komisch anmutet: Bei Luftkontakt bildet Shiitake-Myzel eine braune Schicht, die ihm als Schutz dient.

Kontrolliere nun, wie gut das Myzel sich im Stamm ausbreiten konnte. Wer sich nicht sicher ist, wie ein optimal durchwachsener Stamm aussieht, kann diesem Leitfaden folgen:

49

50

Mögliche Überraschungen beim Auswintern deiner Stämme	Myzel-Entwicklung	Maßnahme
Hurra, alles in Butter!	Alle Impfstellen weisen ein durchgängig weißes, vitales Myzel auf.	Du kannst mit der Kulturanlage beginnen: Luftkultur aufhängen oder auflegen. Erdkultur dritteln und eingraben.
Oje, da ist der Wurm drin!	Die Impfstellen sind nicht durchgängig weiß, es gibt einige dunkle, nicht vom Myzel durchwachsenen Stellen oder schimmlige Flecken.	Luftkultur: schimmlige Stellen herauskratzen, weißes Myzel belassen und Kulturanlage starten. Erdkultur: Stämme nach Anleitung dritteln und eingraben. Nach etwa 6 Monaten kann man zur Kontrolle den Stamm kurz aus der Erde kippen und prüfen, ob sich nun weißes Erdmyzel ausgebildet hat. Es sollte zumindest an einigen Stellen auf jener Stammseite mit Erdkontakt ein feiner weißer Pilzflaum zu erkennen sein. Ist das Myzel nicht sichtbar, kann der Stamm trotzdem noch einmal eingegraben werden. Falls innerhalb von 2 Jahren kein Kulturpilz fruchtet, kann angenommen werden, dass die Besiedelung nicht geklappt hat.
Alles für die Katz'!	Die Impfstelle ist zur Gänze braun oder verschimmelt, die Brut fällt heraus.	Luftkultur: falls die Kontamination erst zu einem relativ späten Zeitpunkt in der Durchwachsphase begonnen hat, kann eine Kulturanlage gestartet werden, aber mit nur geringen Erfolgschancen. Erdkultur: Durchwachskontrolle schadet nicht (siehe Maßnahme: Da ist der Wurm drin).

DA KOMMT FREUDE AUF: Erdmyzel im Wachstum

ZUM VERGLEICH: So sehen optimal durchwachsene Stämme im Querschnitt aus! Erkennst du, welche Impfmethode angewendet wurde?

Vorsicht vor Konkurrenzpilzen

Ist die Beimpfung nicht gelungen, kann es vorkommen, dass sich andere Pilze am Holzstamm breitmachen. Spaltblättlinge, Birkenblättlinge, Schichtpilze, Porlingsarten oder Kohlenbeeren kommen meist nur temporär auf alten oder unzureichend beimpften Holzstämmen vor. Arbeitet man mit Pilzen im Garten, ist auch die Sporenbelastung anderer Pilze kaum kontrollierbar. Besonders bei zuckerhaltigen Birkenstämmen kommt es öfters zu einem „Befall" von Sekundärpilzen. Dabei handelt es sich nicht nur um ungenießbare Pilze – auch die Schmetterlings-tramete, ein Heilpilz, kann sich darunter befinden. Solange sich ein solcher Befall nicht zu stark am Erdkulturstamm ausbreitet, kann noch auf den Zuchtpilz gehofft werden. Kommen über 2 Jahre nur Fremdpilze aus einem Stamm, musst du davon ausgehen, dass die Beimpfung nicht geglückt ist. Die Kohlenbeeren siedeln sich gerne auf Buchenstämmen an, stehen aber nicht in Konkurrenz zum Zuchtpilz. Normalerweise kann man die kleinen schwarzen, kugelartigen Punkte am Stamm belassen.

Die Vielfalt an Fremdpilzen ist groß – höchste Zeit, frische Pilzstämme im Garten zu setzen.

51

ABGEHOBEN ODER BODENSTÄNDIG? DIE KULTURANLAGE

Für die Kulturanlage ist es entscheidend, welche Vorlieben deine Pilzarten haben. Hast du Shiitake-Stämme beimpft, zählen diese zur Luftkultur. Alle anderen Pilzarten lieben den Bodenkontakt und werden von uns als Erdkultur bezeichnet.

Jeder Pilz hat besondere Temperatur- und Feuchtigkeitsansprüche. Die Grafik rechts dient als Überblick darüber, zu welchen Zeiten du mit einer Pilzernte rechnen kannst. Je nach Höhenlage können die Erntezeiten variieren. Der genaue Erntezeitpunkt hängt von klimatischen Faktoren ab. Achte in den für die Pilzart angegebenen Erntezeiträumen besonders auf regelmäßige Bewässerung.

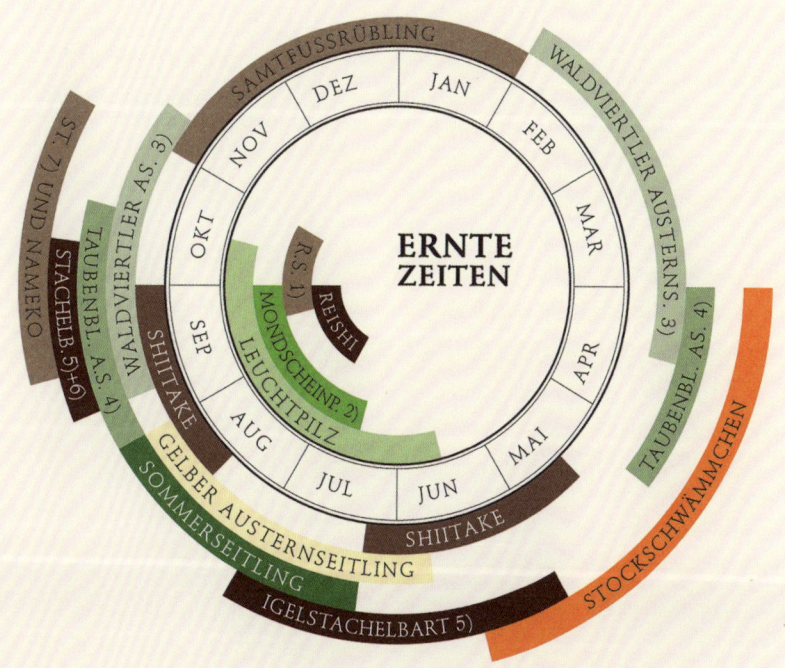

ERNTE ZEITEN

1) Rauchblättriger Schwefelkopf
2) Mondscheinpilz
3) Waldviertler Austernseitling
4) Taubenblauer Austernseitling
5) Igelstachelbart
6) Ästiger Stachelbart
7) Stockschwämmchen

Luftkultur: tiefsinnig, freiheitsliebend, umgänglich

Shiitakes haben ihren eigenen Kopf. Unter den Pilzen sind sie als Weltenbummler bekannt. Sie lieben es, Neues zu entdecken und sind gerne in Bewegung. Ob aufhängen, schräg lagern oder „aufwecken" (S. 53) – es gibt so vieles für sie zu erkunden!

IN LUFTIGEN HÖHEN: DIE LAGERUNG

Nach der Durchwachsphase werden die Shiitake-Stämme aus dem Kreuzstoß herausgenommen. Hast du die Schnittimpfmethode angewendet, kannst du nun das Klebeband von den Schnittflächen entfernen. Jetzt kannst du deine Shiitake-Stämme an einem ausgewählten schattigen Plätzchen im Pilzgarten aufhängen oder hinlegen. Entscheidest du dich für erstere Methode, durchbohre die Stämme und hänge sie mit einem Seil an einen starken Baum oder Ast oder auf ein stabiles Gestell.

Bei der traditionell asiatischen Lagermethode lehnst du die Stämme gegen einen waagrechten Holzpfosten: eine sehr platzsparende Methode. Falls du in deinem Garten mit Schnecken zu kämpfen hast, solltest du eine andere Lagerungsart wählen. Sonst werden die Shiitakes allzu leicht von den Tierchen erobert.

FAST SCHWERELOS: Shiitakes in luftigen Höhen

SEHR BELIEBT IST AUCH das waagrechte Aufhängen mit 2 Schlaufen.

OHNE HANDWERKLICHE VORARBEIT lassen sich Shiitake-Stämme auf Holzböcken lagern.

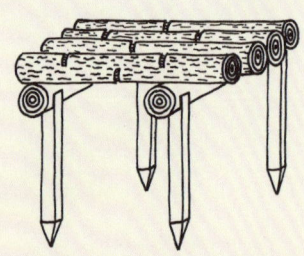

DEIN GARTEN IST UNEBEN? Kein Problem! Schlage 4 Pflöcke in den Boden und befestige zwei Holzlatten darauf – so hast du einen optimalen Lagerplatz für deine Pilzstämme.

DAMIT ALLES WIE AM SCHNÜRCHEN LÄUFT: ERNTEZYKLUS

Schluss mit dem Schlummermodus: Shiitakes sind gemütliche Gesellen. Wenn der Erntezeitraum beginnt, musst du also deinem Pilzglück ein wenig auf die Sprünge helfen – und die Shiitake-Stämme aus ihrem Tiefschlaf holen. Mit dem „Aufwecken", also dem Tauchen und Aufstoßen der Stämme, beginnt der halbjährliche Erntekreislauf. Der erste Zyklus beginnt im Zeitraum zwischen Ende Mai bis Mitte Juli. Die zweite Phase wird zwischen Ende August und Ende September eingeläutet. So können die Shiitakes 2 Mal pro Jahr geerntet werden. Der Grund: Shiitakes stammen aus Regionen mit besonders hoher Luftfeuchtigkeit und sind während der Fruchtbildung auf ausreichende Wasserzufuhr angewiesen.

Du brauchst:

> *einen Platz zum Planschen: einen Behälter mit kaltem Wasser, in den du die Stämme zur Gänze eintauchen kannst (z. B. alte Badewanne, Regentonne); oder einen Biotop, einen Bach oder einen Schwimmteich*

> *Bretter und Steine zum Beschweren*

> *einen harten Untergrund zum Aufstoßen*

> *Gießkanne mit Brauseaufsatz, Gartenschlauch oder Sprühnebelanlage zum Bewässern*

SCHRITT 1: TAUCHEN

Versenke die Shiitake-Stämme im Wasser. Lege Bretter und Steine darauf, damit sie nicht aufgetrieben werden, sondern vollständig untertauchen. So werden die Stämme für 24 Stunden gelagert. In dieser Zeit saugen sie sich schön voll – gut erkennbar an den Luftbläschen, die aus dem Stamm entweichen und zur Wasseroberfläche trudeln.

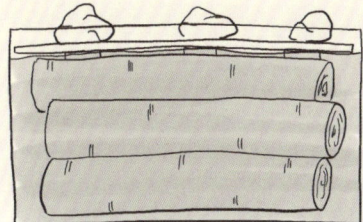

SCHRITT 2: STOSSEN

Nach dem Tauchen werden die Stämme senkrecht 3–4 Mal kräftig auf den Boden aufgestoßen. Das begünstigt die Fruchtkörperbildung, denn durch die Erschütterung reißen manche Myzelfäden. Dadurch wird ein Wachstumsimpuls induziert und es entstehen mehr Pilzansätze. Durch das Stoßen kann außerdem Sauerstoff in Holzzellen gelangen, was das Myzelwachstum zusätzlich anregt.

SCHRITT 3: GIESSEN

Bis zur Ernte werden die Stämme nun 2–3 Mal täglich gegossen, damit sie nicht austrocknen. Gieße so lange, bis der gesamte Stamm gut feucht ist. Das ist besonders dann wichtig, wenn die kleinen Fruchtkörper aus der

JETZT WERDEN die Shiitakes aufgeweckt!

GEMÜTLICHES ERNTEN. Achte bei der Anlage darauf, deine Shiitake Stämme in einer guten Arbeitshöhe zu lagern – das erleichtert das Ernten und Umschichten deiner Luftkultur.

LAGERST DU DIE STÄMME übereinander, kannst du Wasser sparen.

Rinde hervorbrechen. Trocknen sie in diesem Stadium ein, können die Pilze nicht weiterwachsen. Bei Hitze und Trockenheit solltest du die Stämme nicht untertags, sondern am frühen Morgen und in der Abenddämmerung gießen. Sonst könnte sich die Rinde vorzeitig ablösen. Benutze zum Bewässern eine Gießkanne mit Brauseaufsatz oder einen Gartenschlauch. Falls es dir möglich ist, eine Sprühnebelanlage zu installieren: umso besser. Das erspart nicht nur Arbeit, sondern fördert das Pilzwachstum optimal.

SCHRITT 4: ERNTEN

Nach ca. 2 Wochen ist es so weit: Die Pilze recken ihre Köpfe in Richtung Himmel und sind bereit für die Ernte. Im ersten Jahr nach der Beimpfung erscheinen die Pilze in der Nähe der Impfstelle, später am ganzen Stamm verteilt. Zu Beginn erntet man kleinere Mengen, ab dem zweiten Jahr ist das Myzel im Stamm gut entwickelt und die Shiitakes sprießen aus allen Ecken und Enden.

Die Pilze werden geerntet, solange die Hutkante noch leicht nach unten geneigt ist. Schneide die Pilze möglichst zur Gänze vom Stamm ab. Die Pilzstämme fruchten abhängig vom Durchmesser ca. 3–5 Jahre.

Ernteausfall? Kein Grund zur Sorge! Manchmal muss sich das Pilzmyzel erst noch weiter im Stamm ausbreiten. Oder die Umgebungsbedingungen waren nicht ideal. Probiere es nach 1–2 Monaten erneut. In der Wartezeit wird der Stamm wieder schattig platziert und nicht bewässert.

SCHRITT 5: EINWINTERN

Nachdem du das letzte Mal im Herbst geerntet hast, lagerst du deine Shiitake-Stämme am besten wieder im Winterquartier: dem Kreuzstoß. So ist er während der kalten Jahreszeit optimal geschützt und du hast wirklich lange Freude an deinen Stämmen.

Erdkultur: bodenständig, verlässlich, selbstversorgend

Die Erdkulturen sind die Stubenhocker unter den Pilzen. Es gefällt ihnen, sich mit dem Boden zu verbinden. So sind sie auch etwas gemächlich und lassen sich nicht gerne von der Stelle rücken: Einmal eingegraben, verweilen sie bereitwillig in ihrem neuen Zuhause.

WALDVIERTLER AUSTERNSEITLING

Zu den Lieblingssorten, die du für eine bunte Vielfalt im Pilzgarten anbauen kannst, zählen zum Beispiel: der Waldviertler Austernseitling (S. 121), der Gelbe Austernseitling (S. 120), das Stockschwämmchen (S. 127) und der Igelstachelbart (S. 131). Wer noch mehr Platz und Muße hat, sollte sich außerdem diese Arten nicht entgehen lassen: den Sommerseitling (S. 123), den Taubenblauen Austernseitling (S. 122), Nameko (S. 126), den Ästigen Stachelbart (S. 134) und den Samtfußrübling (S. 128). Probier es aus!

AUF DEM BODEN GEBLIEBEN: LAGERUNG

Durchwachsphase vorbei, was nun? Nach 1 Jahr erwacht auch das Myzel der Erdkultur mit frischen Frühlingsgefühlen. Im Pilzgarten duftet es vielleicht noch nach dem letzten Schnee, das Vogelgezwitscher wird immer kräftiger und langsam fängt alles an zu ergrünen. Höchste Zeit, dass deine Erdkulturen aus ihrem Winterschlaf erwachen!

Du brauchst:

› *Kettensäge zum Teilen der Stämme*
› *Bleistift oder Marker zum Einzeichnen der Schnittstellen*
› *Gartenschaufel zum Ausheben des auserwählten Erdkultur-Plätzchens*
› *Moos zum Bedecken der eingegrabenen Stämme*
› *Tacker/Heftmaschine zum Befestigen des Mooses*
› *Gartenvlies oder Schneckenzaun gegen Eindringlinge*

SCHRITT 1: STÄMME TEILEN

Im zweiten Frühjahr werden die 1 Meter langen Stämme in 3 Teile geteilt. Je nachdem, welche Beimpfungsmethode du verwendet hast, funktioniert das so:

Schnittimpfmethode: Die 2 Impfstellen zeigen dir, wo du die Stämme trennen sollst. Auch hier gilt die „Kurz-übers-Drittel-Regel" (S. 42). Du sägst den Stamm jeweils leicht innerhalb der Impfstellen auseinander. So entstehen 3 Teilstücke. Die beiden äußeren besitzen eine Impfstelle. Das mittlere Stück hat keine, ist aber am besten durchwachsen, da das Myzel von beiden Impfstellen einwachsen konnte.

Bohrloch- oder Dübelimpfmethode: Markiere die Stämme 2 Mal im Abstand von jeweils 30–33 cm und säge sie dort auseinander. Auch hier erhältst du 3 Teilstücke.

SCHRITT 2: PERÜCKE GEFÄLLIG? MOOS ALS VERDUNSTUNGSSCHUTZ

Moos und Pilze verstehen sich blendend. Setzt du deinem Pilzstamm eine Mooshaube auf, schützt ihn diese vor dem Austrocknen. Damit das Moos nicht von Vögeln oder anderen Tieren oder gar dem Wind beschädigt wird, befestigst du es am besten mit Heftklammern (10–14 mm) und einem Tacker am Stamm. Sollte das Moos schütter werden, kann frisches dünnes Moos als neue Bedeckung dienen. Wenn sich das Moos sehr trocken anfühlt, sollte es gelegentlich gegossen werden. Mit den Jahren wächst das Moos immer fester mit dem Stamm zusammen. Kein Moos weit und breit? Leicht gepresste Matten aus Hanffaser können für die Bedeckung der Stämme verwendet werden, wenn mal nichts anderes als Schutz parat ist.

Weiter geht's auf Seite 58.

Ohne Moos nichts los: Das denken sich auch die Stockschwämmchen, die unter dem grünen Dach erst so richtig lossprießen.

Freunde fürs Leben: Pilze und Moos

Gibt es zwischen dir und den Pilzen noch anfängliche Missverständnisse in der Gesprächskultur, kann Moos als Dolmetscher einspringen. Das Moos gibt uns mit seinen Farbausprägungen und seiner Vitalität Auskunft über die Befindlichkeiten des Pilzstammes. Sieht das Moos braun und vertrocknet aus, will dir der Pilzstamm sagen, dass er gerne mit einer Gießkanne voll Wasser erfrischt werden möchte. Ist das Moos feucht und grün, befindet sich der Pilzstamm ebenso im Wohlfühlmodus und du kannst die beiden entspannt ihre Zeit genießen lassen. Pilze und Moos spielen auch gerne miteinander

Verstecken. Macht sich Langeweile breit und gibt es nichts zu tun, ziehen sich die Pilze mit Vorliebe unter dem Moos zurück. Kommt Regen, müssen sie ihr Versteckspiel dann meist beenden, denn Pilze sind sehr neugierige Gestalten und wachsen den geliebten Wassertropfen durch das Moos entgegen. Übersetzt bedeutet das: Sind die Bedingungen für die Fruchtkörperbildung nicht ideal, kann sich das Myzel unter dem Moos gut ausbreiten und mit dem richtigen Impuls durch die Bewässerung können die Pilze schneller die Oberfläche durchbrechen.

Diese Pärchen sind füreinander bestimmt

Grüner wird's nicht!

Nicht jedes Moos versteht sich mit deinen Pilzstämmen. Die vielversprechendsten Kandidaten sind von zarter Natur. Dünnes Moos, das sich leicht von Steinen entfernen oder von Baumstümpfen ablösen lässt, ist für die karge Holzoberfläche deiner Pilzstämme ideal. Alle Moosarten, die bei genauerer Betrachtung ihre Wurzeln lieber in feuchte oder nasse Erde wachsen lassen, sind zwar für die Bedeckung des Bodens geeignet, trocknen aber auf Pilzstämmen zu stark aus und verabschieden sich schnell. Moose nehmen Wasser und Nährstoffe über ihre gesamte Oberfläche auf, das verschafft ihnen im Hinblick auf ihr Überleben einen Vorteil gegenüber Gefäß- und Blütenpflanzen. Ihre Wurzeln dienen in erster Linie dem Anhaften auf Oberflächen wie Steinen oder lebendem und totem Holz. Bewässerst du deinen Pilzstamm, kommt das auch dem verpflanzten Moos zugute. Von Düngung halten Pilz und Moos übrigens nichts – ihre Freundschaft muss nicht künstlich aufgepeppt werden.

WIE HERRLICH IST ES DOCH IM PILZGARTEN! Inmitten von Erdkulturen mit flauschigen Moosköpfen lässt es sich prima entspannen.

SCHRITT 3:
STÄMME EINGRABEN

Im Pilzgarten kannst du deine Erdkulturen direkt im Boden eingraben. Bei der Auswahl des Standortes ist die Wasserspeicherkapazität der vorhandenen Erde ausschlaggebender als die Nährstoffeigenschaften. Das heißt: Solange du keinen zu sandigen und somit wasserdurchlässigen Boden oder einen staunassen und somit wassergesättigten Boden hast, fühlen sich deine Pilze schnell wie zu Hause.

Hebe ein passendes Erdloch mit einer Tiefe von ca. 10 cm an deinem gewünschten Plätzchen aus. Setze den Baumstamm mit der Stirnseite nach unten hinein und verteile die ausgehobene Erde rundherum. Besitzt der Stamm eine Impfstelle durch die Schnittimpfmethode, sollte diese unter der Erde sein. Bei Stämmen, die mittels Dübel- oder Bohrlochmethode beimpft wurden, gibt es hingegen kein Oben oder Unten. Sie können beliebig eingegraben werden. Ist der Stamm einmal eingepflanzt, bilden viele Pilze ein Erdmyzel aus. Es unterstützt sie bei der Aufnahme von Wasser und von wasserlöslichen Nährstoffen aus dem Erdreich.

Solltest du deine Erdkulturen im Topf oder in einem Hochbeet großziehen wollen, fülle einen passenden Behälter mit Gartenerde und platziere den Stamm darin wie eben beschrieben. Anschließend kannst du die Töpfe nicht nur im Garten, sondern auch im Innenhof (S. 75) oder am Balkon (S. 76) aufstellen. Geeignete Gartenerde für deine Erdkultur im Topf bekommst du entweder im Baumarkt oder auch bei den örtlichen Müll- oder Kompostieranlagen. Reine Gartenerde mögen die Pilze am liebsten. Kompost- oder Blumenerde ist da schon zu viel des Guten.

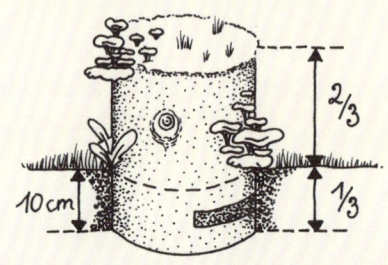

SCHRITT 4: SCHNECKENSCHUTZ

Erdkulturen haben manchmal mit ungebetenen Gästen zu kämpfen: den Schnecken. Besonders Sommersorten sind davon betroffen (Sommerseitling, Gelber Austernseitling, Igelstachelbart, Reishi). Hier ist Schneckenschutz unabdingbar. Andere Pilze, die im Frühjahr oder Herbst fruchten, sind davon meist weniger betroffen.

Um die Schnecken fernzuhalten, baust oder kaufst du dir am besten einen Schneckenzaun, z. B. aus gebogenem Blech. Alternativ kannst du Gartenvlies um deine Stämme platzieren. So können du und deine Pilze wieder beruhigt schlafen.

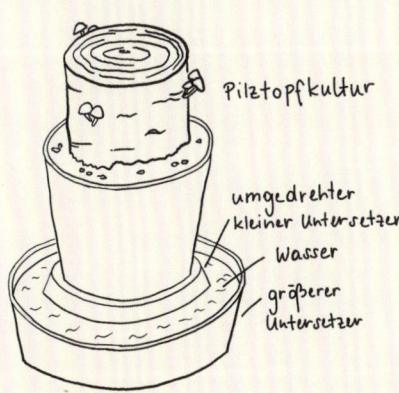

Pilztopfkultur

umgedrehter kleiner Untersetzer

Wasser

größerer Untersetzer

Schafwolle oder Kupferband um die Stämme zu drapieren ist weniger effektiv, da diese nur eine kurz anhaltende Barriere bilden. Herkömmliches Schneckenkorn sollte nicht verwendet werden, da die Erdkultur schädliche Bestandteile durch das Myzel aufnehmen könnte!

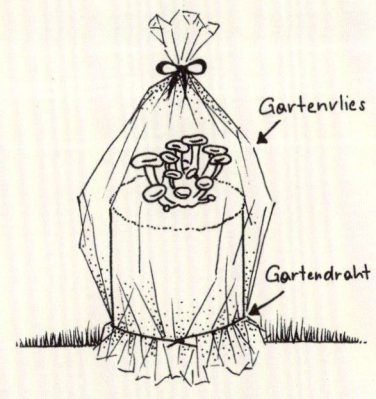

Gartenvlies

Gartendraht

ERNTEKREISLAUF: EINE RUNDE SACHE

Hast du deinen Erdkulturen einmal ein gemütliches Plätzchen eingerichtet, bedanken sie sich viele Jahre mit guter Ernte. Viele Pilzarten bilden ein Erdmyzel aus und verbinden sich so mit der sie umgebenden Natur. Außerdem sind die meisten in Europa beheimatet. So fruchten sie auch genau in der Jahreszeit, die zu ihnen passt. Die Erntegrafik gibt Aufschluss über das Erntezeitfenster (S. 51). Die Faktoren Wetter und Temperatur spielen dabei die größte Rolle. Das Stockschwämmchen beispielsweise liebt das abwechslungsreiche Wetter – seine Haupternte findet im Frühjahr und im Herbst statt. Doch manchmal überraschen uns die bunten Gestalten auch zu unerwarteten Zeiten.

Lass es regnen! Schönheitspflege für deine Erdkulturen

Wenn die Erntezeit vor der Tür steht, gönnst du deinen Pilzen am besten eine Extraportion Liebe und Zuwendung. Und ihre ganz persönliche Pflegekur – damit sie schön und zahlreich aus ihren Hölzern erscheinen. Wie das geht?

Wasser marsch! Achte in den Erntezeiten vermehrt auf genügend Bewässerung. Bei feuchter Witterung genügt es, jedem Stamm 1–2 Mal pro Woche eine halbe bis ganze Gießkanne voll Flüssigkeit zu gönnen. Ist es hingegen trocken, gieße die Stämme alle 2 Tage mit dem Inhalt einer ganzen Gießkanne.

Windige Angelegenheiten: ist der Standort sehr windexponiert, muss öfters gegossen werden.

Unter ständiger Beobachtung: Lass die Stämme in den angegebenen Erntezeiträumen nicht aus den Augen! Die Pilze laufen zwar nicht weg, sind aber flink im Wachsen und vergehen relativ schnell. Der Gelbe Austernseitling wächst beispielsweise in lauen Sommernächten so rasch, dass vom Erscheinen bis zur Ernte oft nur 2–3 Tage vergehen.

Kuckuck, hier bin ich! Wenn die ersten Pilzansätze nach Regen oder Gießen aus den Stämmen hervorlugen, sollte jeden Tag gegossen werden. So können sich die Pilze optimal entwickeln. Sobald die Pilze fast

→

ERDKULTUREN BESCHENKEN DICH ÜBER MEHRERE JAHRE MIT EINER REICHEN PILZERNTE. Im Winter schlummert das Myzel unter der Schneedecke. Und wartet darauf, im nächsten Jahr wieder eine üppige Pilzschar sprießen zu lassen!

erntereif sind: Gießen reduzieren oder einstellen.

Endlich Erntezeit: Sind die Pilze schon relativ groß und ist die Hutkante fast ganz ausgebreitet, kann geerntet werden.

Die Vorher-Nachher-Regel: Lieber vor dem Regen ernten als danach. Die Pilze nehmen sonst zu viel Wasser auf.

Auch Pilze wollen regelmäßig duschen: Selbst wenn deine Pilze gerade keine Erntesaison haben, kannst du sie 1 Mal pro Woche mit etwas Feuchtigkeit versorgen. Achtung: Das betrifft nicht die Shiitakes. Sie haben ihre ganz eigenen Regenzeiten (S. 53).

So klein und doch so selbstständig: Wenn es ab und zu regnet, versorgen sich die Erdkulturen mithilfe ihres Erdmyzels selbst mit Wasser aus dem Erdreich.

Das richtige Gespür: Wenn du nicht weißt, ob deine Pilze genug Wasser haben, fühl doch einfach mal am Moos. Wenn es frisch und feucht ist, sind deine Pilzstämme ebenfalls gut mit Wasser versorgt.

Fremdpilze? Pilzstämme sind manchmal für andere Pilze attraktive Nahrungsquellen. Aber keine Sorge, Fremdpilze stehen nur selten in Konkurrenz zum Zuchtpilz. Unsicher bei der ersten Ernte? Vergleiche die Pilze mit den Bildern im Buch. So kommt es zu keiner Verwechslung.

Schon den Geist aufgegeben? Sehr alte ausgetragene Pilzstämme geben nach vielen Jahren Ernte nicht mehr genügend brauchbares Futter für den Zuchtpilz her. Es kann passieren, dass bei zerfallenen Stämmen Fremdpilze erscheinen. Da du aber nach den mehrjährigen Ernten deiner Pilze schon genau weißt, wie sie aussehen, gibt es hier keine Verwechslungsgefahr. Entsorgen kannst du den vergangenen Pilzstamm einfach im Kompost.

Bei uns finden alte, ausgediente Shiitake-Stämme noch eine letzte Bestimmung – und zwar als Einrahmung für unser Gemüsebeet. Dazu graben wir (ausnahmsweise) den Stamm waagrecht bis zur Hälfte in die Erde. So wird der Garten schön geschmückt. Und bei starken Regenfällen fruchten die Shiitakes der guten alten Zeit willen oft noch ein letztes Mal.

→
ICH HAB DA WAS FÜR DICH:
einen Strauß Seitlinge, mit Liebe
vom Baumstamm gepflückt.

Kannst du ihn dir schon vorstellen?
Wir präsentieren dir:
deinen eigenen Pilzgarten!

Du hast keine Zeit für das Planen eines Pilzgartens? Dann lass dir von Gartenplanerinnen wie Susanne Pammer helfen, die ebenfalls das Pilzfieber gepackt hat! Selbst wenn dein Garten noch nicht genug Schatten für dein Pilzparadies vorweisen kann, weil du erst mit dem Bepflanzen begonnen hast, lohnt es sich, für später vorzusorgen. In 3–5 Jahren kann jegliche Fläche so umgestaltet werden, dass die Pilze ein wohliges Zuhause finden.

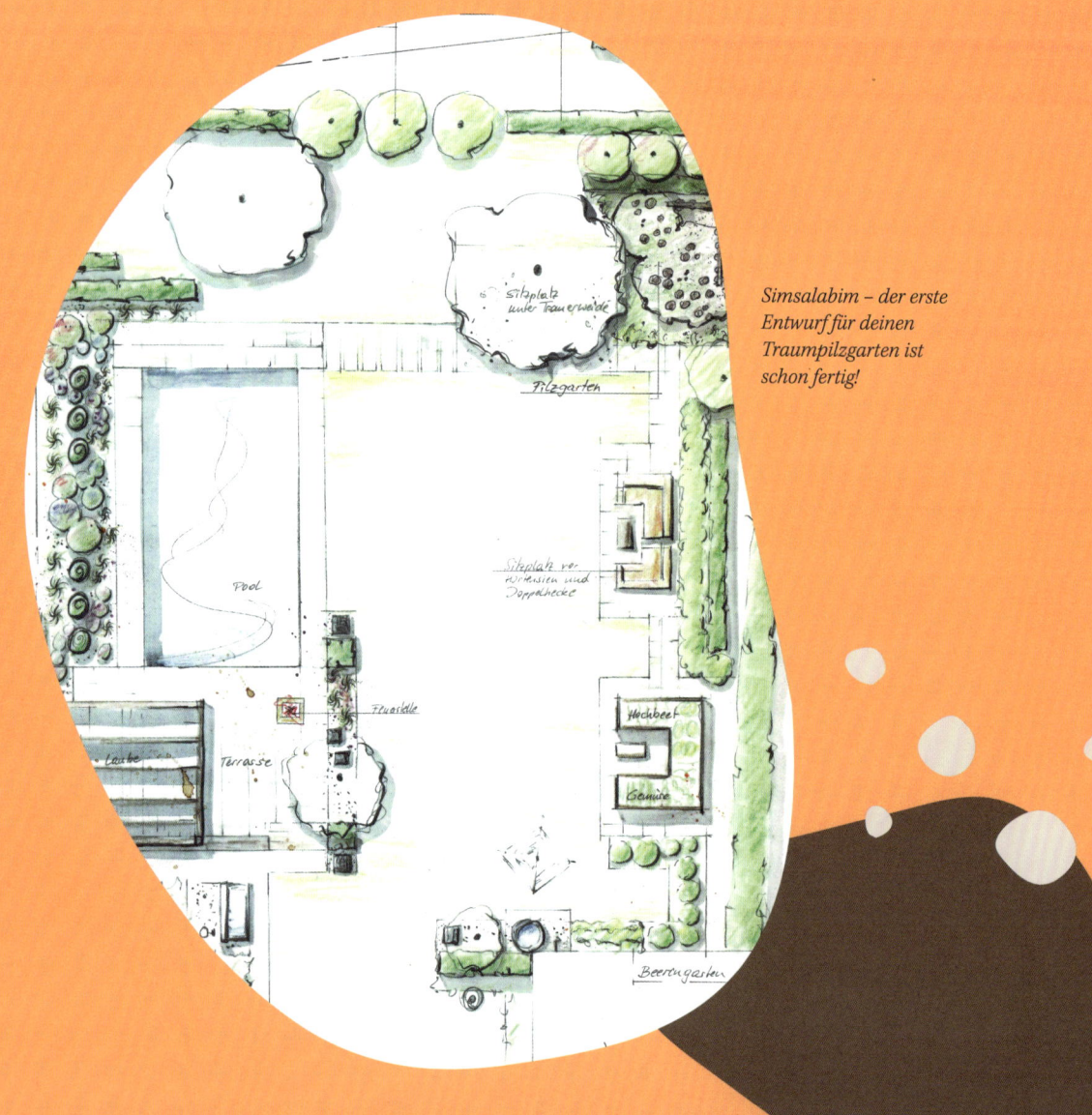

Simsalabim – der erste Entwurf für deinen Traumpilzgarten ist schon fertig!

Mit diesen Gestaltungstipps ist die Neuanlage deines Pilzgartens kinderleicht:

Schatten und Windschutz sind für einen Pilzgarten die Hauptkriterien. In jungen Gärten und neuen Pilzanlagen ist das meistens auch das Hauptproblem. Hier einige Lösungsansätze:

Schattenspender gesucht!

Weiden, Holunder, Haselnuss, Felsenbirne und Kornelkirsche sind heimische Großsträucher, die bei sorgfältiger Pflanzung und Pflege schnell Schatten spenden. Auch Rispenhortensien und Perückensträucher wachsen rasch und sind eine Augenweide.

Fächerahorn *(Acer palmatum)*, Blutpflaume *(Prunus cerasifera)* und Trompetenbaum *(Catalpa)* sind breitwüchsige Kleinbäume, die auch für kleinere Gartenbereiche geeignet sind und in jungen Jahren zügig wachsen. Zieräpfel und Blasenbaum *(Koelreutheria)* gehören zu meinen Favoriten, denn sie sind unverwüstlich und sehr hübsch!

Wenn es das Budget erlaubt, sind Pflanzen, die schon größer gewachsen sind und in Töpfen verkauft werden, natürlich die beste Lösung.

Zusätzlich zu Gehölzen bieten sich vor allem in den ersten Jahren Kletterpflanzen an: Hopfen wächst bis zu 14 cm pro Nacht, Bohnen, Efeu und Schlingendes Geißblatt sorgen innerhalb von Wochen für kühlen Schatten und halten Wind ab. Ohne Bäume und Sträucher lässt sich Schatten auch anhand eines einfachen Gerüsts mit einem Dach aus Weidengeflecht spenden.

So könnte dein neuer Pilzgarten aussehen!

Windschutz für stürmische Zeiten

Auch hier kann ein Weidengeflecht am Anfang gute Dienste leisten, vor allem, wenn Hecken und Sträucher noch klein sind. Für Pilze muss es nicht unbedingt eine immergrüne Hecke sein, auch Hainbuchen, Rotbuchen, Liguster und dicht gepflanzte Blütensträucher sind wunderbar geeignet.

Der richtige Platz für die richtige Pflanze

Zwischen den Pilzstämmen und in unmittelbarer Nähe sind Pflanzen eher hinderlich, weil sie Pilze verdecken und wir beim Ernten und Gießen leicht draufsteigen. Möglich sind: Waldmeister, Moose, Buschwindröschen, zierliche Farne und kleine Funkien.

Für größere Zwischenräume und den Hintergrund des Pilzgartens sind der Fantasie allerdings keine Grenzen gesetzt. Die Sträucher müssen schattenverträglich sein, damit sie gut gedeihen. Silberkerzen *(Actaea)* und Knöteriche *(Persicaria)* sind hohe Pflanzen, die auch zusätzlich Schatten spenden können, unter großen Schaublättern *(Rodgersia)*, Funkien *(Hosta)* und Tafelblättern *(Astilboides tabularis)* können Pilze in einem wunderbaren Kleinklima wachsen. Auch Farne passen zu einem Pilzgarten perfekt.

PILZE AUF STROH: FLINK, UNKOMPLIZIERT, SCHMAUSEND

SCHON HUNGRIG? Jetzt bekommt der Strohballen pilzige Gesellschaft.

In deinem Garten ist noch Platz für mehr? Wunderbar: Wenn du Pilze auf Stroh kultivierst, schaffst du damit die ideale Ergänzung für die Holzkulturen (S. 36). Holz und Stroh sind ein absolutes Dream-Team im Pilzgarten! Und nicht nur das: Auch für andere Standorte im Innenhof (S. 75), auf Terrasse oder Balkon (S. 76) eignen sich Stroh- und Strohpelletskulturen, da sie wenig Platz brauchen und sogar in Hochbeeten, Töpfen und Kübeln gedeihen. Der Unterschied liegt dabei im verwendeten Material (S. 65). Eines ist jedenfalls klar: Die Beimpfung geht ganz leicht und die Erntezeiten sind schneller da, als du glaubst – einfach genial für den Hunger zwischendurch. Los geht's!

Was passt zu mir?

It's Party-Time! Deine Pilze sind in ausgelassener Stimmung und suchen nach dem passenden Untergrund, um so richtig abzufeiern. Kulturträuschling und Seitlinge zum Beispiel fühlen sich auf einer Tanzfläche aus Stroh so richtig wohl. Besorg dir das geeignete Material und überleg dir, welche feucht-fröhlichen Party-Vorlieben deine Pilze haben und wie viel Platz du dafür zur Verfügung hast. Damit keine ungeladenen Gäste wie Bakterien und Schimmelpilze deine Party crashen, gönne dem Stroh ein ausgiebiges Bad. So mischen sich die Effektiven Mikroorganismen in das rege Treiben, um als Bodyguards von Stroh und Pilzen aufzutreten.

Aus dem Vollen schöpfen: ganze Strohballen

Disco unterm Sternenhimmel ist angesagt! Lade die VIPs ein, die ganz oben auf der Gästeliste deiner beimpften Holzstämme stehen: die Strohballen. Beimpfe die Ballen ruckzuck und platziere sie in stimmiger Partyatmosphäre im schattigen, feuchten Mikroklima deines Pilzgartens. Du wirst sehen: sie verstehen sich prächtig mit deinen Holzstämmen und leisten ihnen gerne Gesellschaft. In dieser Stimmung lassen sich auch die Pilze nicht lange bitten und tauchen in bester Feierlaune auf. Bei einem so großen Getümmel kannst du gleich noch deine Lieblingsnachbarn einladen, damit sie auch an deiner Pilzparty teilhaben können! (S. 67)

Klein, aber oho: Gehäckseltes Stroh

Während im Pilzgarten alle feiern dürfen, geht es in den Hoch- und Erdbeeten auf deiner Terrasse, deinem Balkon oder deinem Dachgarten schon etwas exklusiver zu. Das gehäckselte Stroh war immerhin lange beim Friseur, um sich für die Feierlichkeiten zu stylen und sich unter die Pilze zu mischen. Beim Einlass dann das Aufatmen: Qualitätscheck bestanden, der Türsteher (du) lässt das Stroh in den Club. Dort wird dann gediegen gefeiert, und auch die Pilze gesellen sich bald dazu. (S. 67)

Wundersame Knirpse: fermentierte Strohpellets

Strohpellets sind weniger gesellig und bleiben nicht so lange auf den Pilzpartys wie ihre Strohkollegen. Aber: Sie sind unkomplizierte Zeitgenossen und auf keine bestimmte Location fixiert. Sie besuchen am liebsten dunkle Underground-Partys in Kübeln, Töpfen oder Säcken. Zum Feiern gehen sie auch schon mal in den Keller. Das gefällt den Pilzen und sie lassen nicht lange auf sich warten. (S. 71)

DIE WICHTIGSTEN FACTS AUF EINEN BLICK

	Ganzer Strohballen	Gehäckseltes Stroh	Strohpellets
Gärbehälter	Schubkarre, Regentonne, Mörtelwanne	Mörtelwanne, Plastikkübel mit Deckel	Plastikkübel mit Deckel, verschließbare Kunststofftonne
Dauer der Wässerung (bei 20 °C)	14 Tage	10–14 Tage	7–14 Tage
Beimpfungsmenge	10–15 Löcher (pro Strohballen (10–15 kg), 15–20 cm tief, 3 cm breit	5–10 % Anteil Pilzbrut auf die gesamte befeuchtete Strohmasse gerechnet	5–10 % Anteil Pilzbrut auf die gesamte befeuchtete Strohmasse gerechnet
Durchwachsphase (abhängig von °C und Pilzart)	2–6 Wochen	2–4 Wochen	2–4 Wochen
Zuchtbehälter	z. B. direkter Erdboden oder in Stallungen	Erdbeete, Kübel, Hochbeete	Blumentöpfe, Kübel, Säcke mit Luftlöchern
Erntephasen	über mehrere Monate (1–3 Monate)	über mehrere Monate (1–3 Monate)	2–3 Ernten pro Kübel
Pilzarten	Seitlinge, Kulturträuschling, Ulmenseitling	Seitlinge, Kulturträuschling	Seitlinge

JETZT GEHT'S LOS: SO BETTEST DU DEINE PILZE AUF STROH

Du hast dich entschieden: Du möchtest gerne frisches Stroh für deine Pilze verwenden. Ob du einen ganzen Strohballen oder eine kleinere Menge gehäckseltes Stroh einsetzen möchtest, hängt von deinen Standortwünschen ab. Strohballen brauchen etwas mehr Platz und machen es sich am liebsten neben den Holzkulturen im Pilzgarten oder in Stallungen gemütlich. Mit gehäckseltem Stroh kannst du dein eigenes Pilzbeet anlegen.

Der passende Zeitpunkt für die Anlage der Strohkultur hängt in erster Linie von der bevorzugten Pilzsorte und der Temperatur ab. Ob mit den ersten warmen Sonnenstrahlen oder dem letzten fallenden Laub, es gibt fast für jede Jahreszeit einen passenden Pilz!

Der Gelbe Austernseitling (S. 120) und der Flamingo-Seitling (S. 135) beispielsweise haben es lieber etwas wärmer. Du kannst sie im Juni auf Stroh beimpfen und im August bereits ernten. Gehören der Waldviertler Austernseitling (S. 121) oder der Taubenblaue Austernseitling (S. 122) zu deinen Favoriten, fällt die Anlage der Kultur auf April–Mai bzw. September–Oktober. In ersterem Fall sprießen die Pilze ebenfalls im Laufe des Sommers. Bei einer Beimp-

fung im Herbst sind die Pilze im nächsten Frühjahr erntereif.

Bei Temperaturen von 18–25 °C können fast alle Pilzarten am schnellsten durchwachsen. Direkte Sonne und Temperaturen über 30 °C im Inneren der Strohkultur können für das Myzel schädlich sein – es kann absterben.

Weizen, Roggen, Gerste: das beste Stroh für deine Pilze

Verwende für deine Strohkultur am besten Weizen-, Roggen- oder Gerstenstroh. Damit die Besiedelung einwandfrei klappt, musst du besonders auf die Strohqualität achten: Gesundes Stroh zeichnet sich durch eine goldgelbe bis goldbraune Farbe aus. Die Halme sind kräftig und lassen sich nur schwer zerreißen. Wenn du daran schnupperst, sollte es nicht nach Heu riechen, denn ein zu hoher Anteil an Beikräutern oder Grä-

sern verträgt sich nicht gut mit deinen Pilzen. Altes oder gar schimmliges Stroh darf nicht als Substratgrundlage verwendet werden. Es hat oft einen muffigen Geruch. Kläre unbedingt ab, ob es im Vorhinein mit Fungiziden behandelt wurde – falls ja, kann sich dein Pilzmyzel nur schlecht einwachsen. Am besten holst du dir biologisches Stroh aus deiner Region.

Entscheidest du dich für ganze Strohballen, dann besorge dir idealerweise solche mit einem Gewicht von ca. 10–15 kg. Alles, was mehr wiegt, wird nach dem Einwässern sehr schwer und unhandlich. Hochdruckgepresste Ballen können höhere Erträge liefern. Möchtest du gehäckseltes Stroh verwenden, überlege dir eine passende Beeteinrahmung. Du kannst entweder ein kleines Erdbeet anlegen oder dir eine andere kreative Beetlösung überlegen, z. B. ein Paletten-Aufsatzrahmen (S. 70).

Da Stroh meist in großen Rundballen verarbeitet wird, fällt es manchmal schwer, an passendes Material zu kommen. Bei kleinen Schaf- und Ziegenbauern findest du oft, was du suchst. Plane etwas voraus und nimm dir für den Spätsommer vor, dass du dir frisches Stroh besorgst. Wenn zwischen der Besorgung und der Beimpfung längere Zeiträume liegen, achte vor allem auf eine trockene Lagerung. Verstaue es am besten in einem Schuppen, mit einer Plane abgedeckt, ohne Kontakt mit dem Erdboden.

Einfach einmal abtauchen: die Fermentation

Du brauchst:

- › *Strohballen (10–15 kg) oder gehäckseltes Stroh, Menge je nach Größe des künftigen Pilzbeets*
- › *einen Behälter mit (warmem) Wasser, in den du das Stroh zur Gänze eintauchen kannst (z. B.: alte Badewanne oder Schubkarre für den Strohballen; Mörtelwanne oder Topf mit Deckel für das gehäckselte Stroh)*
- › *eine 0,5–1%ige Starterkultur für die Fermentation (S. 160)*
- › *einen Platz zum Abtropfen bzw. ein altes Laken oder einen Jutesack zum Auspressen*
- › *Plastik- oder Latexhandschuhe und Schutzkleidung*

Damit sich das Pilzmyzel gut in das Stroh einwachsen kann, musst du es zunächst fermentieren. Das heißt, dass du das Stroh über einen Zeitraum von ca. 10–14 Tagen einwässerst (siehe Tabelle auf S. 66). Verwende dafür einen ausreichend großen Behälter wie eine alte Regentonne oder eine Schubkarre. Es ist wichtig, dass das Stroh zur Gänze untergetaucht wird. Bretter und Steine bieten sich beispielsweise zum Beschweren an.

Je wärmer es ist, desto schneller kann der Fermentationsprozess gestartet und abgeschlossen werden. 20–30 °C Außentemperatur sind optimal. Dabei können sich die Effektiven Mikroorganismen optimal vermehren. Sie senken den pH-Wert im Stroh, unterdrücken eine schädliche Keimflora und sorgen dafür, dass sich der Pilz später in dem nunmehr sauren Milieu ausbreiten kann.

Damit es mit dem Fermentieren gleich losgehen kann, hilft es, lauwarmes Wasser zu verwenden. Außerdem kannst du den für die Fermentation verantwortlichen Mikroorganismen mit einer Starterkultur (z. B. Milchsäurebakterien) etwas auf die Sprünge helfen – und dafür sorgen, dass das Milieu nicht in Richtung Fäulnis abdriftet. Dafür verwendest du am besten eine 0,5–1-%ige Starterkulturen-Lösung mit Re-

generativen oder Effektiven Mikroorganismen. Der Vorteil: Sie ermöglichen eine „geruchsneutralere" Fermentation. Bei einer Spontangärung ohne probiotischen Bakterienzusatz fermentiert dein Stroh zwar auch, aber es vermehren sich eventuell verstärkt Bakterien, die Buttersäure und andere Stoffwechselprodukte produzieren. Das Resultat: eine Zumutung für feine Nasen.

Nach der empfohlenen Einwässerungszeit bzw. sobald das Stroh also einen leichten Gärgeruch entwickelt, der an Silage erinnert, wird das Wasserbad beendet. Einen Strohballen lässt du am besten 1–2 Tage abtropfen. Gehäckseltes Stroh kannst du in ein altes Laken oder in einen Jutesack wickeln und auspressen. Als Hilfsmittel kannst du beispielsweise eine Obstpresse verwenden (S. 73). Beachte dabei: Nasses Stroh färbt ab. Verwende also Plastik- oder Latexhandschuhe und zieh dir Schutzkleidung an. Nach dem Auspressen ist eine Materialfeuchte von 70–80 % erwünscht. Es soll also durch und durch feucht sein, aber nicht mehr tropfen.

MIT DEM FERMENTIEREN schaffst du eine richtig gute Basis für die Besiedelung – damit es später auf dem Stroh so rund geht wie hier. Pilzparty!

Gut gemischt ist halb gewonnen: die Beimpfung und Lagerung

Du brauchst:

Für einen Strohballen:
- *2 Liter Getreidebrut (empfohlen: alle Seitlingsarten oder Kulturträuschling)*
- *1 Besen, Pflanzstab oder anderes spitzes Werkzeug zum Bohren der Löcher*

Bohre in Abständen von ca. 10–15 cm Löcher mit einer Tiefe von ca. 15 cm in den Ballen. Verwende dafür beispielsweise einen Besenstiel oder einen Pflanzstab. Damit die Besiedelung später schnell erfolgen

Die kleinen probiotischen Helferlein

In der Landwirtschaft werden Regenerative bzw. Effektive Mikroorganismen eingesetzt, um Tierfutter-Silage möglichst kraftvoll, sicher und stabil zu fermentieren. Je größer die Artenvielfalt an Mikroorganismen, desto stabiler sind die Ökosysteme und desto geringer ist der Krankheitsdruck. Diese erstaunlichen, winzigen Lebewesen werden auch dafür verwendet, um den Humusaufbau in Böden zu fördern, Umweltgifte abzubauen, Abwasser zu reinigen, klimarelevante Emissionen einzudämmen, und noch für Vieles mehr! Ihre Artenvielfalt entscheidet darüber, wie gesund ein ökologisches System ist.

kann, fülle die Getreidebrut möglichst dicht und tief in die Löcher. Stopfe, wenn nötig, mit einem abgerundeten Holzstück etwas nach. Zum Schließen der Löcher übe etwas Druck auf die betreffenden Stellen aus oder steige leicht auf dem Ballen herum. Es soll keine Pilzbrut von außen zu sehen sein, diese ist sonst für Mäuse und Schnecken ein leicht gefundenes Fressen.

↑ **EIN DACH FÜR DEINE STROHKULTUREN** ... oder gleich ein beschattetes Gewächshaus? Da fühlen sich deine Pilze so richtig wohl.

Du brauchst:

Für gehäckseltes Stroh:
- › *2 Liter Getreidebrut (empfohlen: alle Seitlingsarten oder Kulturträuschling)*
- › *Beeteinrahmung (z. B. Paletten-Aufsatzrahmen) oder ausgehobenen Erdbereich*
- › *Spaten*
- › *Rechen*

Überlege dir eine passende Beeteinrahmung, in die du dein gehäckseltes Stroh geben kannst. Entscheidest du dich für ein Erdbeet, hebe die Grasnarbe ab und grabe mit Spaten und Schaufel ein Loch in einer Größe von ca. 1,5 m x 1,2 m und einer Tiefe von ca. 15–20 cm. Bedecke den Erdboden oder deine Einrahmung mit einer Schicht gehäckseltem Stroh. Verteile darauf möglichst regelmäßig die zerbröselte Getreidebrut. Trage darauf eine weitere Schicht Stroh auf. Damit deine Pilze die Durchwachsphase möglichst ungestört erleben, kannst du eine Deckschicht aus unbedrucktem Karton auf die Fläche legen. Sobald alles mit weißem Myzel besiedelt ist, entferne die Kartonschicht. Damit bei starken Regenfällen keine Gefahr besteht, dass es dem Myzel zu nass wird, kannst du noch eine Plane über dem Beet befestigen. Die Fruchtungsphase kann starten, sobald das Stroh vollständig vom Myzel durchwachsen ist.

Abwarten und relaxen: die Durchwachsphase

Es schadet nicht, hin und wieder zu kontrollieren, wie erfolgreich der Pilz in seiner Besiedelung voranschreitet. Nach 4–6 Wochen sollten schon einige weiße Myzelfäden sichtbar sein. Dunkle, schwarze oder bläulich-grüne Stellen weisen auf eine schlechte oder unregelmäßige Besiedelung hin. Hier gilt es abzuwarten, wie stark sich der Konkurrenzdruck anderer Organismen und Schadpilze auf den Kulturpilz auswirkt. Wenn alles nach Plan läuft, folgt die Fruchtungsphase. Schimmlige Stellen können großzügig entfernt werden, um eine weitere Ausbreitung zu verhindern. Durch die Fermentation passiert dies jedoch sehr selten – in den meisten Fällen besiedelt der Pilz sein Substrat problemlos, ohne mit einer Wimper zu zucken.

Auf Strohkulturen im Freien können sich gelegentlich auch schleimige Konkurrenten breitmachen. Schnecken machen sich liebend gern über das schmackhafte Pilzmyzel her. Dies lässt sich nur mit Schneckenzaun oder nächtlichen Schneckenkontrollen regeln.

Was die Bewässerung betrifft, so brauchst du dir keine Sorgen zu machen. Pilze lieben ja ein feuchtes Milieu, in dem sie sich so richtig ausbreiten können. Im Falle der Strohkultur ist die nötige Feuchtigkeit aber schon durch das Einwässern gegeben. So muss es während der Durchwachsphase normalerweise nicht zusätzlich bewässert werden. Befindet sich dein Strohballen aber an einer windexponierten oder allzu sonnigen Stelle, muss eventuell nachgegossen werden. Als Faustregel gilt: Sobald die ersten 2 cm der Oberfläche nach innen hin trocken erscheinen, kann mit 1 mittelgroßen Gießkanne Wasser bewässert werden. Bei gehäckseltem Stroh wird erst befeuchtet, wenn schon die ersten Pilzansätze herausschießen.

Im Umkehrschluss bedeutet das, dass die Kulturen vor Regen in Sicherheit gebracht werden müssen. Lagerst du deine Strohkultur im Freien, bastelst du dir einen passenden Regenschutz. Du kannst dafür beispielsweise eine Plastikplane aufhängen. Wer Wert auf Ästhetik legt und gerne mehr Zeit investieren möchte, hat mit einem beschatteten Gewächshaus oder Hochbeet sehr viel mehr Nutzungsmöglichkeiten, ob für Pilze oder Pflanzen.

Endlich ernten!

Es ist so weit, durch deine Fürsorge und die tüchtige Besiedelung deiner Pilze kommt es nun zur ersten Ernte. Wenn du Pilzansätze entdeckst, kannst du ihnen auch gerne täglich etwas Wasser geben. Es gilt wieder: nicht überwässern, aber auch nicht vertrocknen lassen. Hast du dich für Seitlinge entschieden, so ernte sie jetzt als ganze Büschel. Zwischen Sichtbarwerden und Erntereife liegen

oft nur einige Tage. Über Nacht können die Pilze schon einmal einiges an Größe zulegen. Jüngere Seitlinge haben einen festeren Biss. Je reifer du die Pilze erntest – also wenn die Hutkante noch etwas nach unten geneigt ist –, desto intensiver wird der Geschmack.

SUPEREINFACH UND GÜNSTIG: PILZE AUF STROHPELLETS ANBAUEN

Mit Strohpellets kannst du einfach und günstig eine eigene Pilzkultur starten. Platzsparend und das ganze Jahr lang lassen sich damit Innen- wie halbschattige Außenräume bespielen: Balkon, Terrasse, Dachgarten, Keller oder Wohnzimmer. Wird es deinen Pilzen draußen zu kalt, kannst du sie auch einfach ins Haus siedeln. So können sie bei angenehm konstanten Temperaturen zum

↑ STROHPELLETS: bunte Pilz-Vielfalt in Blumentöpfen

← DAS PILZFRÜHBEET lässt grüßen!

↑ **STROHPELLETS** im getrockneten Zustand

↑ **EINE ALTE OBSTPRESSE** leistet im Pilzgarten gute Dienste.

Fruchten gebracht werden. Bekannt als Einstreumaterial für Tiere, kannst du Strohpellets ganz einfach im Versandhandel erwerben. Als Kulturbehälter kannst du fast jegliche Größe wählen. Ob mittelgroße Blumentöpfe oder ganze Hochbeete – deiner Kreativität sind keine Grenzen gesetzt.

Es geht los: Hinein ins warme Wasserbad

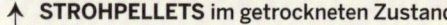

Du brauchst:

> ⟩ *1 Kübel mit einem Fassungsvermögen von ca. 30 Litern*
> ⟩ *5 kg Strohpellets*
> ⟩ *ca. 20 Liter warmes Wasser*
> ⟩ *Plastikfolie und Deckel zum Verschließen*
> ⟩ *ein altes Laken zum Auspressen*
> ⟩ *Plastik- oder Latexhandschuhe und Schutzkleidung*

Mische in dem Kübel Strohpellets und Wasser. Füge so viel Wasser hinzu, dass über den Pellets eine Wasserschicht von ca. 2 cm entsteht. So kann das Substrat optimal unter Luftabschluss fermentieren. Platziere eine dünne Plastikfolie auf der Oberfläche und verschließe den Kübel mit einem Deckel. Stelle ihn drinnen bei Zimmertemperatur oder draußen an einem warmen Plätzchen auf. Im Sommer kannst du mit Fermentationszeiten von ca. 7–14 Tagen rechnen.

Nach Ende der Einwässerungszeit hat sich die Farbe des Substrats von dunkelbraun zu hellbraun verändert. Du kannst es nun mit einem alten Laken Stück für Stück auspressen. Das überschüssige abgepresste Wasser kannst du über den Abfluss entsorgen. Bitte beim

Auspressen immer Handschuhe verwenden – nasses Stroh färbt ab und der gärige Geruch bleibt auf der Haut haften. Wer sich die Hände weniger schmutzig machen will, kann eine alte Obstpresse verwenden. Diese kann eventuell gebraucht erworben werden, entweder im handlichen Format einer Tischpresse oder als normale Obstpresse (z. B. Apfel- oder Weinpresse). Die Presse mit einem Laken auskleiden und die Strohpellets nass in die Presse schaufeln. Damit kannst du schnell und ohne viel Aufwand den idealen Feuchtigkeitsgehalt von 75 % erreichen. Reinige die Presse jedenfalls nach getaner Arbeit gründlich mit reichlich Wasser.

Um herauszufinden, ob die Pellets die richtige Feuchtigkeit besitzen, kannst du die Faustprobe (S. 107) anwenden. Kommen nur 1–2 Tropfen aus dem zusammengepressten Substrat und bleibt es einige Sekunden als Klumpen in der Hand zurück, sind das gute Zeichen, dass jetzt alles bereit ist, um zum nächsten Schritt überzugehen.

Mix it: die Beimpfung

Die Getreidebrut wird möglichst homogen mit der ausgepressten Substratmasse durchmischt. Je bröseliger die Brut, desto flotter kommt eine Besiedelung zustande.

Du brauchst:

▸ 1,5–2 kg Pilzbrut (am besten: Getreidebrut), z. B.: Austernseitlinge

▸ Plastik- oder Latexhandschuhe zum Umfüllen

▸ Endbehälter: z. B. Ton- oder Plastiktopf mit Untersetzer oder Plastiksack

▸ Plastikfolie für Töpfe

▸ Messer oder Gabel zum Einstechen der Luftlöcher

▸ Wasserflasche mit Sprühkopf zum Bewässern

Nach dem Beimpfen kannst du die Mischung bereits in die Endbehälter füllen. Verwende dazu wieder Einweghandschuhe. Benutzt du einen Topf, sollte dieser ein Loch am Boden aufweisen, damit das überschüssige Wasser abtropfen kann und du es bei Bedarf ausleeren kannst. Befülle deine Gefäße bis 1–2 cm unter den Rand. Be-

festige die Folie über dem Topfrand und stich mit einer Gabel oder einem Messer einige Luftschlitze hinein. So ist dein Pilzsubstrat geschützt, bekommt aber auch etwas frische Luft. Du vermeidest dadurch auch die Bildung von Kondenswasser. Bilden sich trotzdem Wassertropfen auf der Oberfläche der Folie, stich einfach noch ein paar mehr Löcher hinein. Wenn du einen Plastiksack als Endbehälter verwendest, stich ebenfalls Luftlöcher hinein.

Ab an einen schattigen Ort: die Durchwachsphase

Platziere deine Pilzkultur an einem warmen Ort im Schatten. Kellerräume oder Abstellkammern sind genauso dafür geeignet, da deine Pilze noch kein Licht benötigen, um das Myzel auszubilden. Nach ca. 7 Tagen wird das Myzel sichtbar. Sobald die Oberfläche stark durchwachsen ist und alles von weißem Myzel besiedelt wurde (ca. 2–4 Wochen), kannst

NA, ERKENNST DU DEN UNTERSCHIED? Oben: gebadete, ausgepresste Strohpellets. Unten: eine gleichmäßig durchwachsene Mischung.

du die Pilz-Töpfe ohne direkte Sonneneinstrahlung mit etwas Tageslicht verwöhnen. Bald bilden sich kleine Fruchtkörper – höchste Zeit, dass die Pilze ganz groß herauskommen! Wenn sie sichtbar werden, kannst du sie 1–2 Mal täglich mit einer Sprühflasche benetzen, um die nötige Feuchtigkeit aufrechtzuerhalten. Außerdem: Sobald die ersten Pilzansätze erscheinen, entferne die Folie.

Sollte dein Standort zu trocken oder windexponiert sein, könnte es schwer sein, für ein ausreichend feuchtes Mikroklima zu sorgen. In diesem Fall siedelst du deine Pelletskultur in einen größeren Behälter um und platzierst ihn bei geöffnetem Deckel an einem schattigeren, windgeschützteren Ort. Beobachte, wie der Substratblock sich erholt und schließlich die Pilze fruchten lassen kann. Bemerkst du während der Fruchtung, dass die Pilze zu lange Stiele und zu kleine Hüte ausbilden, sorge für etwas mehr Frischluftzufuhr.

Die Erntezeit ist angebrochen!

Strohpelletskulturen liefern in der Regel 2–3 Ernten. Nach der ersten Ernte kannst du das Substrat auf den Kopf stellen und den Topf entfernen – so kommen auch auf der ehemaligen Unterseite nochmals Pilze hervor. Das Substrat schrumpft mit der Zeit und trocknet im-

AB IN DIE PFANNE MIT EUCH! So sehen richtige Leckerbissen aus.

mer schneller aus. Für eine dritte Fruchtung gib deinen Pilzen nach der 2. Ernte eine zweiwöchige Gießpause, in der der Substratblock etwas austrocknen darf. Danach kannst du ihn für 1 Stunde in einem Wasserbad versenken. Vergiss dabei nicht auf das Beschweren. Platziere ihn anschließend wieder am Fruchtungsort. Nach 1–2 Wochen kannst du noch ein letztes Mal frische Pilze ernten. Staunässe ist bei späterer Bewässerung zu vermeiden.

Wir wissen inzwischen: Pilze machen es sich gerne überall gemütlich, wo wir ihnen schöne schattige und feuchte Bedingungen schaffen. Und das geht auch prima in halb offenen oder überdachten Bereichen im Freien. Mach dir doch dein eigenes kleines Pilzparadies! Alle Anbauweisen finden sich in den jeweiligen Kapiteln zu Holz-, Stroh-, Substrat- und Kaffeekultur. Hier geht es jetzt einmal darum, dass du deinen Pilzen ein lauschiges Plätzchen schaffst.

Die folgenden Tipps kannst du im Übrigen gerne mischen, die Einteilung ist nicht strikt, oft herrschen an diesen Standorten ähnliche Bedingungen. Ein häufiger Unterschied: Innenhöfe sind generell weniger windexponiert und schattiger als Balkone, auf denen es oft heiß hergeht. Der Clou für beide Varianten: Hol dir einfach deine Pflanzenfreunde dazu, und feiert gemeinsam eine wilde Pilzparty!

Innenhofkultur: beschützt, verborgen, vielfältig

Ein Pilzgarten im Kleinformat? Das geht! Im Garten wie in der Stadt. Warum also nicht auch deinen Innenhof in einem Gemeinschaftsprojekt zum kleinen Garten Eden umgestalten? Schluss mit nackten Mauern, traurigen, ausgemusterten Zimmerpflanzen und brauner Erde!

Viele Innenhöfe bieten ideale Bedingungen für einen Pilzgarten. Von hohen Gebäuden und ein paar Laubbäumen umringt steht dem

Pilzanbau nichts mehr im Wege. Die höhere Luftfeuchtigkeit und angenehm konstante Temperaturen tun den Pilzen gut. So kannst du in dieser geschützten Umgebung alle möglichen Pilze kultivieren: von Erdkulturen (S. 55) über Luftkulturen (S. 52), Strohkulturen (S. 67) und Strohpelletskulturen (S. 71) bis hin zu Pilzen auf Kaffeesatz (S. 102).

Bevor du beginnst, erkundige dich als Erstes bei der Gebäudeverwaltung oder deinen Vermietern, ob du ein Gartenprojekt im Innenhof verwirklichen darfst. Vielleicht finden sich auch Nachbarn, die mit anpacken wollen und somit noch mehr Menschen, die Freude an den leckeren Pilzen haben können. Um das Interesse und die Akzeptanz für anfangs „nackt", pflanzenlos und skurril aussehende Baumstämme oder Blumentöpfe zu wecken, kannst du dir mit ein paar Schildern oder Tafeln behelfen. „Hier wächst bald ein Speisepilz" oder „Aufgepasst – hier wachsen friedliche Pilzfreunde" machen neugierige Nachbarn auf die neuen Mitbewohner aufmerksam.

Pilzgärtnern im Innenhof: Nichts leichter als das!
So siedelst du deine Pilze am besten im Innenhof an:

Kein Erdboden in Sicht? Selbst gebastelte Hochbeete (z. B. mit Paletten-Aufsätzen) oder große Kübel und Blumentöpfe können das „Bodenproblem" lösen (S. 58).

Wasser sammeln: Installiere ein kleines Auffangbecken für Regenwasser. So sparst du Wasser und längere Transportstrecken für die nötige Pilzstamm-Bewässerung.

Materialsichtung: Was du alles für deinen Mini-Pilzgarten brauchst, erfährst du auf S. 77 und auf S. 62.

Kein Platz zum Sägen und Bohren? Besorge dir einfach bereits beimpfte Baumstämme! Das bietet sich übrigens auch für Pilzneulinge an. Der Vorteil: Du musst keine Durchwachsphase (S. 49) abwarten und kannst bald mit dem Ernten beginnen!

Tschüss, Schnecken! Sorge für entsprechenden Schneckenschutz, denn auch im Innenhof lauern die gefräßigen Pilzfresser (S. 59).

Großzügige Schattenspender: Zimmerpflanzen, rankende Gemüse- oder Zierpflanzen (S. 37 und S. 62), die im Sommer auch im Innenhof gedeihen, können für zusätzlichen Schatten und ein feuchteres Mikroklima eingesetzt werden. Sie sind eine ideale Gesellschaft für Pilzkulturen.

Balkon- und Dachgartenkultur:
neugierig, selbstversorgend, erhaben

Du bist glücklicher Besitzer eines lebendigen Balkon- oder Dachgartens? Dann träumst du sicherlich auch davon, Pilze als wertvolle Erweiterung darin zu integrieren!

Auf den ersten Blick scheinen keine idealen Bedingungen für den Anbau von Speisepilzen am Balkon zu herrschen. Doch mit einigen praktischen Pflanztipps findest du bestimmt auch auf deinem Balkon ein lauschiges, schattiges Plätzchen. Eine Pilzkultur auf Basis von Strohpellets (S. 71), Kaffeesatz (S. 102) oder fertig beimpften Holzstämmen (S. 36) lässt sich auch hier einwandfrei verwirklichen.

Was darf's sein? Ein schattiges Plätzchen

Zuerst musst du einen passenden Platz für deine Pilzkultur schaffen. Direkte Sonne und Wind mögen deine Pilze nicht. Wichtig ist also, zumindest ein halbschattiges Areal zu erschaffen. Ein feuchtes Mikroklima kann mit einer strategischen Platzierung von Gemüse- und Zierpflanzen aufrechterhalten werden. Das freut auch das Auge: je bunter, desto besser. Die Auswahl an Balkonbewohnern kannst du für deine Zwecke nach Belieben treffen. Hier einige Beispiel für Pflanzen, in deren Gesellschaft sich die Pilze so richtig wohlfühlen:

- Rankende Pflanzen: Gundelrebe, Hopfen, (wilder) Wein, chinesisches Spaltkörbchen
- Zierpflanzen: Gräser, Wandelröschen, Trompetenblume
- Nutzpflanzen: Tomate, Gurke, Zucchini
- Zimmerpflanzen, Beerensträucher oder wilde Kräuter

Wenn dein Balkon zwar halbwegs schattig ist, du aber trotzdem vermutest, dass es den Pilzen zu trocken werden könnte, kannst du eine kleine Nebel- oder Wasseranlage am Balkon neben den Pilzkulturen anbringen (z. B. Ultraschallvernebler oder Zimmerbrunnen).

Ein paar weitere Kombiniermöglichkeiten: Hast du ein Stelzenhochbeet auf deinem Balkon, kannst du den darunterliegenden Platz optimal zum Pilzparadies umgestalten. Du verzierst den Sichtschutz zum Nachbarn schon mit einer Kletterpflanze? Dann kannst du auch im bodennahen schattigen Bereich Pilze sprießen lassen. Für den Dachgarten oder Innenhof gelten prinzipiell die gleichen Standortbedingungen.

Anbauplan für deinen Pilzbalkon gefällig? Hier lang!

Für die meisten Anbauvarianten benötigst du nur wenig Platz. Auf einem 10–12 m² großen Balkon kannst du zum Beispiel folgende Kulturen leicht unterbringen:

- 2–3 Kübel einer Kaffeekultur (S. 104)
- 2 Stück beimpfte Erdkulturstämme (z. B.: Waldviertler Austernseitling, S. 121; Taubenblauer Seitling, S. 122; Stockschwämmchen, S. 127; Nameko, S. 126; siehe Erdkultur, S. 55)
- 3–4 Stück Shiitake-Stämme, hängend (siehe Luftkultur, S. 52)
- 1 Mörtelwanne mit Strohpelletskultur (z. B.: Gelber Austernseitling, S. 120; Flamingo-Seitling, S. 135)

Erde an den Balkon: Die Pilze sind da!

Erdkulturen brauchen, wie der Namen schon sagt, Erdkontakt. Ein ausreichend großer Pflanztrog, ein Blumentopf oder ein Hochbeet sind dafür geeignet. Eine Moosbedeckung (S. 57) oder alternativ eine Hanfmatte auf den Schnittflächen der Stämme sind hier immer gern gesehen. Bei entsprechender Beetgröße lieben es die Erdkulturen auch, wenn sie gemeinsam mit Pflanzen eingesetzt werden. In diesem Fall sollte natürlich jeder genug Platz haben. Für deine Pilzkultur bedeutet das:

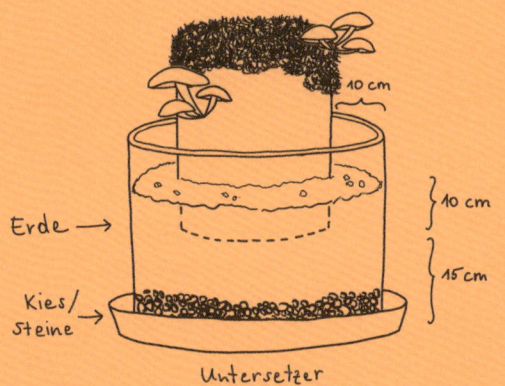

- Platzbedarf seitlich: 10 cm bis zum Topfrand
- Platzbedarf nach unten hin: 15 cm bis zum Topfboden
- Platzbedarf mit Pflanzen: empfohlenen Pflanzabstand beim Setzen beachten

Erdkulturen bilden ein Erdmyzel aus und versorgen sich so selbst mit wasserlöslichen Nährstoffen und Wasser. Den Kulturen sollte in der Durchwachsphase ab und zu etwas Wasser gegönnt werden: ca. 1–2 Mal pro Woche jeweils 4–8 Liter. Ab dem Sichtbarwerden der ersten Pilzansätze sollte täglich bewässert werden. Staunässe ist zu vermeiden, also leere den Untersetzer regelmäßig aus. Regen schadet prinzipiell nie! Ein guter Anzeiger für zu trockene Verhältnisse ist das Moos auf der Schnittfläche des Stammes. Sieht es frisch aus und fühlt es sich feucht an, ist auch der Stamm mit genügend Feuchtigkeit versorgt. Wird das Moos braun und vertrocknet, wünscht sich deine Pilzkultur eine kurze Frischedusche (S. 59).

Balkonpilze von Frühling bis Spätherbst

Im Frühjahr machen es sich der Taubenblaue Austernseitling (S. 122), das Stockschwämmchen (S. 127) oder der Champignon (S. 133) gerne auf deinem Balkon gemütlich. Arten wie den Gelben Austernseitling (S. 120) oder den Flamingo-Seitling (S. 135) kannst du gut in den wärmeren Monaten, also von Juli–August auf Stroh (S. 64) und Kaffeesatz (S. 102) anbauen. Bist du zu dieser Zeit lieber auf Sommerfrische und willst dich in der heißen Jahreszeit nicht um deinen Balkonpilzgarten kümmern, kannst du auch auf Stockschwämmchen (S. 127), Shiitake (S. 119) und alle Seitlingsarten, die es etwas kühler haben wollen (z. B. den Waldviertler Austernseitling, S. 121), zurückgreifen. Die bevorzugten Temperaturen deiner Pilze findest du auf S. 95.

Pilzstämme kannst du im Winter am Balkon lassen. Decke Shiitake-Stämme mit einer Plane zu, um sie etwas vor Schnee, Regen und Wind zu schützen. Erdkulturen bleiben in den Töpfen und genießen Wind und Wetter so, wie sie kommen. Da es im Winter keinen Pflanzenbewuchs gibt, sollte aber trotzdem darauf geachtet werden, dass die Pilzkulturen nicht zu windexponiert sind. Die Rinde kann sich bei zu starker Trockenheit oder ständig abwechselndem Befeuchten und Austrocknen vorzeitig ablösen.

Gieße deine Pilzstämme nicht in der Mittagshitze, sondern lieber am Morgen oder zur Abenddämmerung. So ist auch die Wasserverdunstung etwas niedriger. Holzstämme liefern abhängig von Pilzart und Stammdurchmesser über mehrere Jahre gute Erträge. Alle nötigen Materialien für deinen Balkonpilzgarten findest du auf S. 158.

HALLO URBAN GARDENER! MACHT EUCH DIE PILZE WIE EURE STADT

VIELSEITIG, INTERNATIONAL, KOMMUNIKATIV, VERRÜCKT

So vielfältig und international wie sich unsere Städte heute präsentieren, so bunt und verrückt sind dort auch die Möglichkeiten für deine Pilzprojekte. Entdecke ungeahnte Oasen für dich und deine Pilze. Die Stadt kann auf den ersten Blick wie eine karge, versteinerte, unbelebte Wüste wirken – ein scheinbar schlechter Ort für Pflanze, Tier und Pilz. Doch ganz verborgen in Innenhöfen, Kellern, Balkongärten und dem wilden Baulückenland versteckt sich eine ungeahnte Vielfalt.

In der Stadt läuft einiges anders. Durch die zahlreichen Stein-, Beton- und Gebäudeflächen ist sie eine richtige Wärmeinsel. Dadurch sind auch die Nachttemperaturen etwas höher. Außerdem ist im Winter das Klima milder: Wo Menschen auf engem Raum leben, wird mehr Wärme erzeugt. Aber keine Sorge: Es gibt auch genügend Schattenflächen und unbenutzte Keller für deine Pilze.

Ganz anders gestalten sich im urbanen Raum auch die Fruchtungs- und Erntezeiträume: Eine Pilztopfkultur kann draußen, sei es am Balkon oder im Innenhof, bis Ende September angelegt werden. Der Fruchtungszeitraum für deine Shiitake-Kulturen kann bis zu 2 Monate länger ausfallen. Deine Gelben Austernseitlinge (S. 120) bedanken sich im Sommer für die lauen Nächte, in denen sie so richtig schnell groß werden können. Da die schattenliebenden Gesellen sehr gerne bei feuchtem Mikroklima und auf einigermaßen windstillen Plätzen wachsen und die meisten so gar nicht mit trockenen, heißen Temperaturen zurechtkommen, muss der Wohlfühlort für deine Pilze umso sorgfältiger gewählt werden. Du bist motiviert, auch in der Stadt ein geeignetes Plätzchen zu finden? Dann begib dich auf eine spannende Reise!

JETZT WIRD'S BUNT! Schnapp dir die Pilze und pflanz munter drauflos: auf deinem Balkon, in deinem Keller, auf der Fensterbank!

DIE STADT: GROSSER PLATZ, KLEINER SPIELRAUM?

Als Stadtbewohner stellt sich dir vielleicht als Erstes die Frage, wie du am besten an die benötigten Materialien kommst. Das ist einfacher, als du glaubst! Außerdem bist du vielleicht skeptisch, ob du deinen Pilzen ein passendes Zuhause bieten kannst. Keine Angst! Du weißt ja: Die Pilze wachsen, wie sie fallen – oder geimpft werden.

80

Einfach nach Hause liefern lassen: Pilzbrut, Beimpfungsmaterialien, Strohpellets und Co. kannst du dir einfach bei Pilzzucht-Anbietern bestellen (S. 158). Für eine Pilzkultur im Topf (auf Strohpellets, S. 71 oder Kaffeesatz, S. 102) fehlt dir dann nur mehr ein Besuch im Baumarkt, um an Pflanztöpfe, -tröge und Untersetzer zu kommen. Etwas schwieriger gestalten sich da die Holzkulturen (S. 36). Dabei geht es aber vor allem um das Platzproblem. An passende Holzstämme zu kommen, ist auch in der Stadt mit den richtigen Kontakten möglich (S. 158). Innenhof- (S. 75) und Balkonkulturen (S. 76) sind natürlich nur möglich, wenn ein solcher Platz auch zur Verfügung steht. In diesem Kapitel lernst du nun noch zwei weitere Materialien kennen, die sich insbesondere in der Stadt als Nährmedien anbieten: Holzsubstrat (S. 84) und Kaffeesatz (S. 102). Dabei kannst du deine Pilze auf der Fensterbank (S. 86 und S. 104) für den Eigenbedarf sprießen lassen – oder du wirst zur Pilzbäuerin in der Stadt (S. 96 und S. 108).

Aber die Stadt bietet ja noch so viel mehr! Es gibt unzählige Plätze, die von Pilzen besiedelt werden können. Und das Beste: wenn du Pilze auf freien Flächen, zwischen Baulücken und in Parks sprießen lässt, machst du die (Um-)Welt ein bisschen besser! Wie? Werde zur Umweltschützerin oder zum Guerilla Mushroom Gardener.

Die 5 unbeliebtesten Standorte, auf denen sich die Pilze keinesfalls niederlassen möchten:

Stark frequentierte Hunde-Spazierwege: Pilze vertragen sich mit Tieren, aber sie wollen nicht markiert werden.

Baumscheiben-Bereich in der Innenstadt oder zwischen Parkplätzen: zu wenig Platz, zu wenig Wasser und zu schmutzig für deine Pilzfreunde.

Öffentliche Parkanlagen: Hier ist Vorsicht geboten: ohne Einverständnis der Parkverwalter können deine Pilze schnell als Störenfriede eingestuft werden, außerdem ist es praktisch, die Pilze in der Nähe zu haben und immer wieder ein Auge darauf zu werfen.

Auf Dachterrassen: also auf solchen mit schöner Aussicht, aber zu heißen und windigen Bedingungen.

Am Beton- oder Asphaltboden ohne Beschattung: zu trockene Standorte ohne notwendige Pflanzengemeinschaften.

WECKE DEN WELTVERBESSERER UND DIE AKTIVISTIN IN DIR! BODENRESTAURIERUNG MIT PILZEN

Pilze sind wahre Wunderwesen. Sie schmecken nicht nur gut, sondern sie leisten auch Unglaubliches, wenn es um die Sanierung von kontaminierten Böden geht. Zu dieser sogenannten „mycoremediation" gibt es eine Vielzahl an sehr interessanten Forschungen. Der Begriff setzt sich zusammen aus „myco" (Pilz) und „remediation" (Sanierung, Reinigung). Er beschreibt die Verwendung von einfacher, jedoch sehr effektiver Pilz-Biomasse, die die Fähigkeit besitzt, umweltbelastete Böden zu revitalisieren (z. B. myzeldurchsetzte Hackschnitzel). Das Myzel fungiert hier als eine Art „Selbstheilungsfilter", der es auf spezielle organische Komponenten und Schadstoffe abgesehen hat. Es kann helfen, beispielsweise folgende Stoffe abzubauen: Polychlorierte Biphenyle (PCBs), die in den 1980er-Jahren als Industriechemikalien eingesetzt wurden, 2001 als krebserregender Giftstoff klassifiziert und verboten wurden und noch immer in Gewässern und im Boden nachweisbar sind; oder aromatische Kohlenwasserstoffe, die in Erdöl enthalten sind.

Eine erfolgreiche Sanierung von belasteten Böden hängt natürlich von vielen Faktoren ab. Sicher ist, dass Pilze einen äußerst wichtigen Beitrag für eine nachhaltigere Zukunft leisten können. Wer sich genau mit diesem spannenden Thema auseinandersetzen möchte, findet in einigen Fachbüchern detaillierte Informationen dazu (S. 156). Auch im Internet finden sich sehr spannende Beiträge, Podcasts und Videos von Experten auf dem Gebiet der „Mycoremediation".

Wie kann nun so ein Versuch für deine nähere Umgebung aussehen? Schließlich geht es dem Weltverbesserer und der Aktivistin um Taten. Ein Projekt könnte beispielsweise die Verbesserung der Wasserspeicherkapazität eines ausgelaugten, erosionsgefährdeten Bodens mit beimpften Hackschnitzeln (S. 125) oder Weizenstrohballen

SCHLUSS mit müdem Boden!

(S. 67) sein. In einem Gelände mit starkem Gefälle können durch Regenfälle schnell Schneisen entstehen. Ein geschwächter Boden ist mit den Wassermassen überfordert. Mischt man myzeldurchsetztes Material in das betroffene Areal ein, kann der Boden wieder mehr Wasser aufnehmen.

Möchtest du etwas kleiner anfangen, kannst du dich beispielsweise um Böden kümmern, die von Haustierfäkalien und Co. geplagt sind. Verwende beispielsweise mit Austernseitlingen beimpfte Hackschnitzel. Das geht so: Im betroffenen Bereich Erde ausheben, ein Erdbeet anlegen (S. 58) und dann wieder den Oberboden aufsetzen. Erleichtert sich nun dein Hund am Lieblingsplätzchen, werden eventuelle fäkale Keime (z. B. E. coli) beim nächsten Regenfall in den Myzelfilter deines Erdbeetes transportiert, dort gebunden – und du musst dir keine Sorgen um ein verkeimtes Grundwasser machen. Probier's doch einfach mal aus. Dein Boden wird es dir danken!

ES LEBE DER PILZ! GUERILLA MUSHROOM GARDENING

Du bist großzügig und möchtest deinen Pilzen alle Freiheit der Welt lassen? Dann ist das „guerilla mushrooming" sicherlich genau das Richtige für dich. Parkanlagen oder andere regelmäßig bewässerte, schattige Bereiche in der Stadt sind ideal, um einmal ein bisschen mit Pilzen um sich zu werfen.

PILZE IM PARK?
Mach dein eigenes
„guerilla mushroom"
-Experiment daraus!

Mit Pilzmyzel durchwachsene, fermentierte Laubholzhackschnitzel (S. 125) ergeben geniale „mushroom bombs" für dein Experiment. Hierzu kannst du Pilze wie den Kulturträuschling (S. 137), den Violetten Rötelritterling oder auch Seitlinge (S. 120–123, 130, 135) verwenden. Bringe das Pilzsubstrat auf einem geeigneten schattigen Areal mit hoher Luftfeuchte in die Erde ein und bedecke die Hackschnitzel wieder mit etwas Erde. Deine Pilze sind ab diesem Zeitpunkt auf sich allein gestellt. Falls das Areal bewässert wird, sind deine Pilzrebellen noch etwas besser versorgt. Wenn das Myzel überlebt, kannst du schon, abhängig von der Jahreszeit, nach ca. 1 Monat nach den ersten Fruchtkörpern Ausschau halten! Ein Erdbeet (S. 58) kann bis zu 2 Jahre Erträge hervorbringen.

Bevor du die Pilze erntest, vergewissere dich bei den Parkpflegern oder anderen Verantwortlichen, dass sie keine Pestizide oder Fungizide auf deine Fläche aufgetragen haben. Auch eine mögliche Belastung durch Pflanzenschutzmittel muss abgeklärt werden. Sollte die Fläche nicht schadstofffrei sein, mach dir nichts draus: Dann sind die Pilze zwar nicht genießbar, aber genauso wertvoll. Sie sorgen nämlich für die Verbesserung der Bodenbeschaffenheit (S. 81).

Du hast deine kleinen Rebellen auf die Welt losgelassen und lässt ihnen die Freiheit, selbst mit den Umweltbedingungen um sie herum klarzukommen. So gibst du ihnen auch die Möglichkeit, wilde und einzigartige Wege zu finden, um sich in der Natur weiter auszubreiten. Sie werden dort wachsen, wohin der Wind sie trägt. Oder wo es ihnen gerade gefällt. Freu dich, wenn du sie wieder besuchst und immer wieder neue kleine Kolonien entdeckst.

Wunderwesen Pilz: Was von der Erde kommt, geht wieder an sie zurück

Da ist der Wurm drin! Würmer haben ausgedientes Pilzsubstrat zum Fressen gern.

In der Stadt scheint es oft schwierig, geschlossene natürliche Kreisläufe zu erhalten. Durch die Dichte an Menschen, den begrenzten Lebensraum und andere, nicht zur freien Gestaltung stehende Ressourcen wird das nachhaltige Leben erschwert. Wenn du deine eigenen Pilze und Gemüse in der Stadt kultivierst, hast du die Möglichkeit, die natürlichen Prozesse zu beobachten und einen Beitrag für die Nachhaltigkeit zu leisten. Abfall vermeiden und reduzieren, recyceln, wiederverwenden und kompostieren – das sind die Grundprinzipien von „Zero Waste".

Gar keine Überreste unseres täglichen Lebens zu hinterlassen, ist nicht so einfach. Die Pilze machen uns vor, wie es dennoch funktionieren kann. Von Pilzmyzel besiedelte Nährmedien wie Kaffeesatz, Stroh oder Holz tragen über mehrere Wochen, Monate bzw. sogar Jahre Fruchtkörper. Sie liefern uns so schmackhafte Pilze, die wir in wunderbare, gesunde Gerichte verwandeln können (S. 140). Nach und nach verwertet das Myzel die Nährstoffe im Medium, bis es eines Tages alle aufgebraucht hat.

Was davon übrigbleibt, kann dann noch eine letzte Bestimmung finden – als nährstoffreicher Kompost. Für die Stadtwohnung lohnt sich die Anschaffung einer Wurmkiste (S. 160). Die kannst du sogar im Wohnzimmer oder in der Küche aufstellen (siehe Foto oben). Oder: Du zimmerst dir selbst eine Kiste und lässt deine Würmchen z. B. munter am Balkon vor sich hin arbeiten. Dein Bio-Abfall wird damit zu hochwertigem Dünger für deine Pflanzen. So kannst du wieder ein Stückchen Erde zurück an die Natur geben unddamit das sensible Gleichgewicht wahren, das unsere Welt so bunt macht. Der Kreislauf schließt sich – genial, oder?

Artenvielfalt in deiner Sitzgelegenheit?

Mit einer Wurmkiste verwertest du deinen Bio-Müll genial und effektiv. Obst- und Gemüsereste, Zeitungspapier, Karton, altes Pilzsubstrat und andere zerkleinerte Abfälle sind ideal für die „Fütterung" der kleinen fleißigen Würmchen *(Eisenia foetida)*. Als Dank für die reichen Gaben erhältst du im Gegenzug schwarzes Gold – Humus, den besten Dünger für deine Zimmer- und Gemüsepflanzen. Wenn du bereits eine Wurmkiste hast, gibt's für die Fütterung von altem Pilzsubstrat noch ein paar Tipps:

• **Einmal schneiden, bitte!** Die Kompostwürmer lieben das Pilzsubstrat, da die Rohstoffe schon von deinem Kulturpilz besiedelt worden sind. Hilf ihnen dennoch, indem du das Substrat in kleine Stücke brichst und es ihnen so zu Gemüte führst.

• **Kleines Portiönchen für kleine Tierchen:** Du kannst deine Kompostwürmer mit 500 g Pilzsubstrat pro Tag gut über die Runden bringen.

• **Für die richtige Balance:** Für ein ausgewogenes Kohlenstoff-Stickstoff-Verhältnis im Kompost ist es ratsam, ca. 20–40 % der täglichen Ration zusätzlich als Papier oder Karton beizugeben.

• **Ballaststoffreiche Kost:** Falls du Substrat mit einem hohen Hirseanteil verfütterst, beachte, dass die Würmer zum Vertilgen dieses Getreides etwas länger brauchen.

• **Ruhephasen einhalten:** Wenn du Kaffee-Pilzsubstrate verfüttern möchtest, lass diese etwa 1–2 Wochen liegen und füttere sie erst dann deinen Tierchen.

PILZE AUF HOLZSUBSTRAT: ERTRAG-REICH, VERLÄSSLICH, EXTRAVAGANT

WAS KOMMT DENN HIER ANGEFAHREN?
Ein ganzer Schubkarren voller Kräuterseitlinge! Wo die herkommen, gibt es noch
mehr – das wissen David Reiser und seine
Familie (S. 96).

So ein Holzsubstrat ist eine tolle Sache: Es bringt genau die richtige Mischung an Nähr-stoffen für deine Pilze mit. Und ist unglaublich vielseitig: Damit kannst du dir deine Mini-Kultur für die Fensterbank züchten – oder deine eigene Pilzkarriere im Keller starten. Da-zwischen ist so gut wie alles möglich. Nicht nur der Platz wird dir nicht ausgehen, auch die Kreativität: Den Nährstoffcocktail von Holzsubstrat lieben nämlich so ziemlich alle Pilze. Dabei kannst du zwischen einfach zu kultivierenden Pilzen wie den Seitlingen (S. 120–123, 130, 135) oder Experten-Pilzen wie dem Igelstachelbart (S. 131) oder Reishi (S. 136) wählen. Schau auf S. 85, um herauszufinden, welche Anbauweise am besten zu dir passt und wie du die Pilze pflegen kannst. Und: Mach was Gutes draus!

Was passt zu mir?

Für Genießer und neugierige Köpfe: die Fertigkultur

Du bist Fan von einem nachhaltigen Lebensstil, hast aber keine Zeit, dich großartig der Pilzzucht zu widmen? Oder bist du mehr der gemütliche Typ? Sprich: Du bringst deine Füße fast nicht vom Couchtisch, hättest aber daneben noch ein Plätzchen für deine kleine Pilzkultur frei? Dann ist ein Fertig-Pilz-Kit genau das Richtige für dich. Es wird zu dir nach Hause geliefert, du brauchst es nur auszupacken, gelegentlich zu bewässern und kannst ganz einfach deinen Pilzen beim Wachsen zusehen. Cool, oder? Wer weiß, vielleicht juckt es dich dann noch unter den Fingern und du möchtest mehr daraus machen? Dann werde zum Multitasker (siehe unten).

Für die Multitasker: ein Pilz-Abo für das ganze Jahr

Du hast dich schon an die Pilzgesellschaft gewöhnt, möchtest deine lieben Freunde gerne öfter um dich herum haben und ihnen noch mehr Komfort bieten? Dann bau dir doch am besten eine eigene Grow-Box. Die kannst du nach deinen Wünschen gestalten – wer weiß, vielleicht hast du sogar Platz für ein richtiges Pilzgewächshaus? Bestell dir gleich dein Pilz-Abo (S. 158) und genieße nonstop frische Pilze! Wenn du dich mit den jeweiligen Bedürfnissen der Pilze auseinandersetzt (S. 95), kannst du viele Sorten gleichzeitig anbauen. Eines ist jedenfalls sicher: Die Pilze werden ihre neue Behausung lieben! Und dich mit noch mehr, noch schöneren Fruchtkörpern beschenken. (S. 92)

Für die Pilzprofis: ein Schiffscontainer voller Pilze

Du kennst die Pilze schon in- und auswendig und hast Lust darauf, sie ganz groß herauszubringen? Werde zum Pilzbauer oder zur Pilzbäuerin! Was du dafür brauchst? Genügend Platz, mykologische und mikrobiologische Kenntnisse, das richtige Equipment – und natürlich hungrige Freunde, Nachbarn und vielleicht sogar zukünftige Kunden. Mit den Pilzen kannst du deine Leidenschaft zum Beruf machen. Möglichkeiten gibt es jedenfalls zur Genüge. Probier es aus – und versorge deine Region mit frischen, gesunden Pilzen! (S. 96)

↑ **EIN GEMÜTLICHES PLÄTZCHEN:** Austernseitlinge auf der Fensterbank mit Tulpen

einmal Champignons (beachte dabei: Champignons wachsen nicht auf Holzsubstrat, sondern auf ihrem ganz eigenen Gemisch: S. 132).

Möchtest du dein Pilz-Kit nicht sofort starten, kannst du es bei 2–7 °C im Kühlschrank lagern. Es hält sich dort noch etwa 2 Wochen.

FERTIGKULTUR: DAS PILZ-KIT FÜR DIE FENSTERBANK

Ein Plätzchen mit Aussicht – das wünschen sich die Tagträumer-Pilze. Sie genießen den Weitblick, leben in den Tag hinein und müssen nicht an morgen denken. „Carpe Diem" ist ihr Motto. Eine Fertigkultur ist faszinierend und kinderleicht in der Pflege. Du erhältst sie im Handel bei diversen Substrat- und Brutherstellern (S. 158). In nur wenigen Wochen und ohne große Mühe sprießen hier die ersten Pilze. Die gängigsten Pilzarten sind Seitlinge (S. 120–123, 130, 135). Sie wachsen schnell und liefern reichlich Ertrag. Auch Champignons lassen sich wunderbar mit einem Fertig-Pilz-Kit aufziehen (S. 88). Und das Beste? Du brauchst fast gar keinen Platz. Fertigkulturen gedeihen in geschützten Bereichen in deiner Wohnung, deinem Haus oder deinem Keller.

Du hältst dein erstes Pilz-Kit bereits in Händen? Perfekt, dann kann es gleich losgehen mit der Suche nach dem optimalen Platz! Mit einem Fertig-Pilz-Kit geht es wirklich einfach: In nur 4 Schritten sind die Pilze da. Mit Schritt 5 beginnt dann eine neue Erntephase, Schritt 6 schließt den Erntekreislauf ab. Hier stellen wir dir 2 Varianten für deine Home-Grow-Pilze vor, die zwar unterschiedliche Pflege brauchen, ansonsten aber ähnlich gute Erträge liefern: einmal Seitlinge,

3 Lieblingspilze für dein eigenes Pilz-Kit

Der Waldviertler Austernseitling: Der kräftige, ertragreiche Pilz aus der Familie der Austernseitlinge ist der Grillhit auf jeder Gartenparty. In Kombination mit frischen Kräutern entfaltet er sein nussiges Aroma.

Der Flamingo-Seitling: Mit seiner leuchtend rosaroten Färbung ist er ein wunderbarer Farbklecks für dein Lieblingspilzgericht. Er ist ursprünglich im tropisch-asiatischen Raum beheimatet und eine schmackhafte, exotische Rarität für deine Fensterbank.

Der Gelbe Austernseitling: Er ist nicht nur ein wahrer Sonnenschein, sondern auch besonders geschmacksintensiv. Angeröstet auf einem frisch gebackenen Brot oder im Salat ist er eine wunderbare Gaumenfreude.

CHAMPIGNONS VOM FERTIGSUBSTRAT zu züchten, ist kinderleicht – fast wie jonglieren!

SCHRITT 1: AUSPACKEN

Seitlinge: Das Pilz-Set besteht aus einem Beutel mit durchwachsenem Substrat in einem Außenkarton. Reiße den Karton entlang der Perforation auf. Der Substratbeutel kommt zum Vorschein. Schneide nun mit einem scharfen Messer einen Kreuzschnitt in den Beutel. Um dem Substrat genügend Luft zu geben, klappe die Folienenden einfach zur Seite. Das Set wird fertig durchwachsen geliefert und beginnt gleich mit der Fruchtungsphase.

Champignons: Das Pilz-Set besteht aus einem durchwachsenen Pilzsubstrat und einer Deckschicht im Beutel in einem Außenkarton. Verteile die Deckerde, die später für die nötige Feuchtigkeit sorgt, ca. 3 cm dick auf der Oberfläche des Substrats. Im Gegensatz zu den Austernseitlingen muss das Myzel hier erst noch in die Deckschicht durchwachsen.

Wärmflasche? Nein danke!

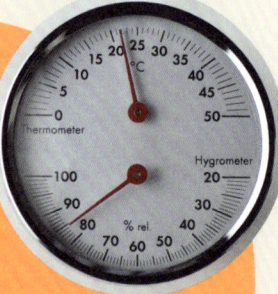

Der Substratblock sollte nicht in der Nähe eines Heizkörpers oder in einem Schrank aufgestellt werden. Deine Pilze könnten so ins „Schwitzen" kommen und verkümmern ohne frische Luft und Licht. Ein Hygrometer (erhältlich im Elektro- oder Baumarkt) gibt schnell Aufschluss über die vorherrschende Luftfeuchtigkeit in deinem Raum. Eine relative Luftfeuchtigkeit von ca. 90 % wäre ideal, lässt sich aber in Innenräumen schlecht realisieren. Durch eine geeignete Box und zusätzliches Besprühen mit Wasser kann die Luftfeuchte in- und außerhalb des Substrats erhöht werden.

Ein Hygrometer leistet gute Dienste.

SCHRITT 2: AUFSTELLEN

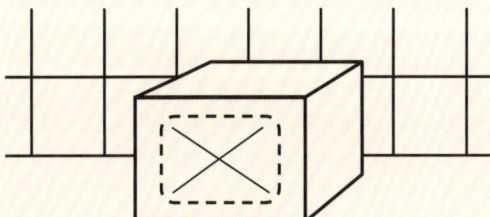 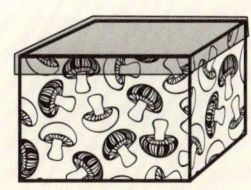

Seitlinge: Platziere dein Pilz-Kit an einem feuchten und schädlingsfreien Fruchtungsort: z. B. im Keller, im Bad, im Vorzimmer, auf einer nordseitig gelegenen Fensterbank, auf einer schattigen Terrasse oder auf dem Balkon. Achte bei der Standortwahl auf eine möglichst hohe Luftfeuchtigkeit und keine direkte Sonneneinstrahlung. Die Idealtemperatur liegt bei 18–22 °C. Im zeitigen Frühjahr, im Herbst und in der Winterzeit macht die Zucht von Pilzen auf Holzsubstrat am meisten Sinn. Im Sommer kannst du auf Pilzarten wie den Flamingo-Seitling oder den Gelben Austernseitling zurückgreifen, die mögen es auch gerne etwas wärmer bei 20–29 °C.

Champignons: Stelle deine Kultur indoor bei 18–24 °C auf. Wenn die Besiedelung während der Durchwachsphase nur schleppend vorangeht, kannst du eine Kunststofffolie, Frischhaltefolie oder ein Bienenwachstuch über den Karton spannen, damit die feuchte Luft darunter besser zirkuliert. Sobald das Myzel auch auf der Erdschicht sichtbar wird, kann die Fruchtungsphase eingeleitet werden. Siedle das Substrat nun in kühlere Gefilde bei 10–18 °C, zum Beispiel als Winterkultur in einem Vorzimmer oder Gang, oder im Keller. Zu diesem Zeitpunkt kannst du die Deckerde mit einer Gabel etwas aufkratzen, damit das Myzel noch mehr Luft bekommt.

SCHRITT 3: BEWÄSSERN

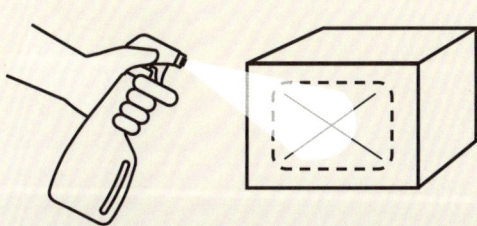 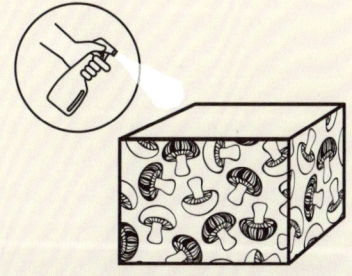

Seitlinge: Besprühe das Substrat an der geöffneten Stelle ab dem Einschneiden mindestens 2 Mal pro Tag mit Wasser aus einer Sprühflasche. So wissen deine Pilze, dass das Fruchten losgehen kann. Wenn die Kartonbox zu feucht wird, stelle sie auf einen Teller, um das überschüssige Wasser aufzufangen.

Champignons: Die Deckerde aus Torf und Kalk sorgt mit ihrer hohen Wasserspeicherkapazität zumeist schon für die nötige Feuchtigkeit im Substrat. Bewässere mit einer Sprühflasche nur, wenn die Erde trocken erscheint.

SCHRITT 4: ERNTEN

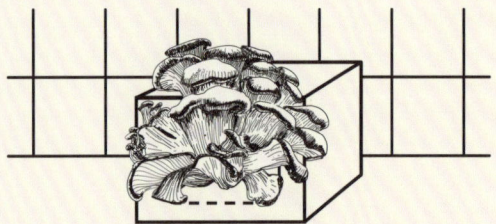

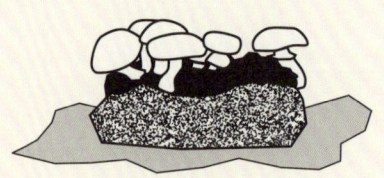

Seitlinge: Nach etwa 7–10 Tagen erscheinen die ersten Pilzansätze. Die Pilze wachsen sehr schnell heran. Erntereif sind sie meist schon 3–4 Tage nach dem ersten Sichtbarwerden. Wenn du also die Pilze entdeckst, solltest du sie nicht mehr aus den Augen lassen. Solltest du in dieser Zeit länger verreisen, kannst du sie als stille Fahrgäste mitnehmen. Denn die ersten Pilze zu verpassen, wäre dann doch zu schade! Die Fruchtkörper wachsen meist traubenförmig aus der Öffnung heraus. Ernte immer das ganze Büschel. Werden nur einzelne Pilze aus dem Verbund genommen, können die verbleibenden Pilze absterben.

Champignons: Die Wachstumsphase dauert insgesamt 2–3 Wochen. Sobald die ersten Pilzansätze etwas an Größe gewonnen haben, entferne die Folie bzw. das Tuch, damit die Pilze an Frischluft kommen. Ernte die Champignons, wenn sie ihre optimale Reife erreicht haben, bei noch nach leicht nach innen gekehrter Hutkante. Drehe die Pilze dabei vorsichtig aus der Erde.

Sporen-Fest der Sommerseitlinge

Auf die Spore, fertig, los!

Lässt du deine Pilze zu lange am Substratblock, werden sie schnell überreif und beginnen, ihre Sporen an die Luft abzugeben. Austernseitlinge sind stark sporende Pilzsorten und sollten nicht lange unbeobachtet weiterwachsen. Die Pilze werden also bestmöglich geerntet, solange die Hutkante noch leicht nach unten geneigt ist, dann hält sich auch das Aussporen in Grenzen. Schneide die Pilze möglichst zur Gänze vom Substratblock. Bleiben Pilzreste zurück, können sich dort Schimmel oder Pilzmücken einnisten, die dann bei weiteren Ernten lästig werden können.

SCHRITT 5: ABWARTEN, BEWÄSSERN, ERNEUT ERNTEN

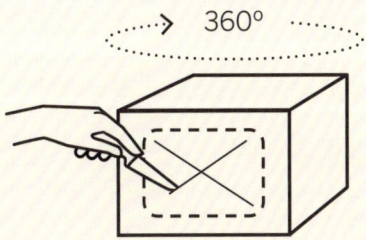

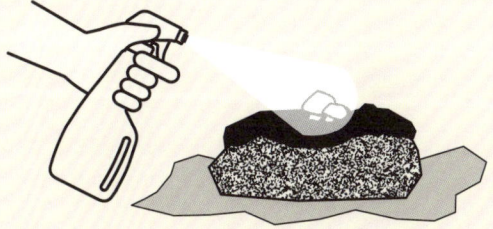

Seitlinge: Jetzt geht das Ganze wieder von vorne los. Du kannst den Substratblock nach der ersten Ernte etwas ruhen lassen – das bedeutet, du setzt mit der Bewässerung etwa 3–5 Tage aus. Drehe dann den Block im Karton um, sodass die Seite ohne Kreuz zur Öffnung hinzeigt. Verpasse der Folie auf der anderen Seite nun einen weiteren Kreuzschnitt. Nach einigen Tagen, an denen du wieder regelmäßig bewässerst, kommt es nochmals zu einer Ernte. Meist kommen bei der zweiten Fruchtung etwas weniger Pilze hervor als bei der ersten.

Champignons: Nach der ersten Ernte lässt man das Substrat etwa 2 Wochen rasten und versucht durch erneutes Bewässern die Deckerde wieder anzufeuchten und so eine weitere Fruchtung zu induzieren. Nach 2–3 Erntewellen hat schließlich jedes Fertigsubstrat ausgedient.

SCHRITT 6: KOMPOSTIEREN

Nachdem der Substratblock keine Pilze mehr hervorbringt, kann der verbleibende Block zum Kompost gegeben werden – oder in deine Wurmkiste (S. 83). Der Kunststoffbeutel wird recycelt.

↑ **WENN SICH DIE ZEIT AUF DER FENSTERBANK DEM ENDE ZUNEIGT,** findet das Substrat eine letzte Bestimmung: als wertvoller Kompost!

PILZGEWÄCHSHAUS: VIELFALT ERNTEN DAS GANZE JAHR

Wenn man erst einmal auf den Geschmack gekommen ist, kann man kaum mehr aufhören, Pilze zu essen. Das wissen wir aus Erfahrung! So kann es sein, dass die Lust auf mehr steigt, sobald man sich mit den Fertig-Pilzkulturen angefreundet hat. Möchtest du auch exotischere Pilze anbauen, den Anbau professionalisieren und für konstante Wachstumsbedingungen sorgen? Dann schaufle dir ein bisschen Zeit zum Überlegen und Heimwerken frei. Mit einer selbst zusammengebauten Grow-Box oder einem selbst gezimmerten Pilzgewächshaus sorgst du für die nötige Umgebung, in der sich deine Pilze so richtig wohlfühlen.

Bau dir dein eigenes Pilzgewächshaus! So können deine Pilzsubstrate unter optimalen Wachstumsbedingungen gedeihen. Dazu ist es unabdingbar, über einige Parameter Bescheid zu wissen. Die Regulierung der Luftfeuchtigkeit, der Lichtverhältnisse und die Raumtemperatur sind je nach Pilzart spezifisch zu berücksichtigen (S. 95). Ein Pilzgewächshaus kann den Bedürfnissen deiner Pilze gerecht werden.

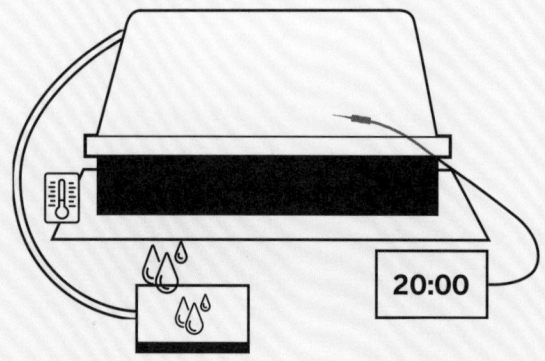

Ist alles so weit vorbereitet, starten die Pilze schnell durch. Die Austernseitlinge können von einem „reifen" Holzsubstrat innerhalb 1 Woche fertige Fruchtkörper ausbilden. Bei Igelstachelbart und Shiitake kann es vom Aufschneiden

des Substratbeutels bis zur Ernte auch mal 2 Wochen dauern. Der Reishi lässt gerne auf sich warten – er benötigt etwa 4–8 Wochen, um seine wunderbaren, ausgewachsenen Pilzfruchtkörper auszubilden.

Du brauchst:

> *Fertigkulturen nach Wahl (z. B. Shiitake oder Austernseitlinge)*

> *1 großen Behälter mit durchsichtigem Deckel; für die nötige Luftzufuhr sollte der Deckel abnehmbar sein, alternativ: Ventilator auf der Seite installieren oder Luftlöcher in den Behälter bohren*

> *1 Heizkabel oder Heizmatte zur Regulierung der Temperatur, gesteuert durch einen digitalen Temperaturfühler*

> *1 Frischluftpumpe oder Ultraschallvernebler (in einem Gefäß mit Wasser) zur Regulierung der Luftfeuchtigkeit*

> *feuchtigkeitsspeicherndes Material für den Boden, z. B.: Torfmoos (Sphagnum russowii, erhältlich in Tierhandlungen), Blähton oder Perlit*

In der kommerziellen Pilzzucht wird ein Holzsubstrat meist nur einmal beerntet. Zu Hause kann man noch ein bisschen mehr herauskitzeln. Die Befeuchtung wird zunächst gestoppt und der Substratblock verweilt etwa 2 Wochen in der Box, um etwas auszutrocknen. Nach besagter Zeit wird das Befeuchtungssystem aktiviert – und schon kannst du dich auf eine weitere Ernte freuen. Nach getaner Arbeit kannst du deine Substrate einfach kompostieren – oder an deine Wurmkiste verfüttern (S. 83).

Das Geniale an deiner Grow-Box ist, dass du sie immer wieder für lange Zeit bespielen kannst. Bestell dir ein Pilz-Abo (S. 158) und lass dir deine Substrate in regelmäßigen Abständen liefern. Im Frühjahr kannst du übrigens dein Pilzgewächshaus auch für die Anzucht von Jungpflanzen verwenden. Die Pflänzchen freuen sich nämlich ebenso über eine behütete Umgebung für ihren Lebensstart.

→
IN DER GROW-BOX
sprießen die Shiitakes
in alle Richtungen.

Was tun, wenn …? So pflegst du deine Grow-Box

Damit deine Pilze ungestört und friedlich wachsen können, musst du für optimale Bedingungen sorgen und so manche Gefahr abwehren. Nichts leichter als das!

PANIK – DA WÄCHST EIN SCHIMMELPILZ!

Es ist nichts Außergewöhnliches, wenn nach einiger Zeit auch andere Sporen aus der Luft davon Wind bekommen, dass es in deiner Grow-Box etwas Leckeres, Nährstoffreiches zu besiedeln gibt! Sind es kleine Schimmelpartien von 1–2 cm Durchmesser, kannst du den Befall mit einem sauberen Messer entfernen. Eine partielle Besprühung kleinerer Schimmelpartien mit Effektiven Mikroorganismen (S. 69) kann diesen ebenfalls den Garaus machen. Sollte aus irgendeinem Grund mehr als ein Drittel des Substrates von einem Schimmelpilz befallen sein, muss der Block umgehend entfernt werden. Es könnten weitere Substratblöcke infiziert werden. Außerdem sind zu viele Schimmelsporen im Innenraum eines Gewächshauses gesundheitsschädigend.

EINMAL PUTZEN, BITTE!

Wenn du deine Box neu bestückst, solltest du sie vorher gründlich sauber machen. Wasche die Box bzw. das Gewächshaus mit heißem Wasser aus, besprühe Wände und Boden mit Desinfektionsmittel und lasse es anschließend trocknen. Kompostiere altes Moos bzw. alten Blähton oder Perlit und statte deine Box mit frischem Material aus. Reinige die Nebelanlage und tausche das Wasser aus.

BEGRÜSSE DIE VIELFALT!

Achte bei der Wahl deiner Lieblingspilze darauf, dass deren Fruchtungsbedingungen ähnlich sind. Außerdem vertragen sich nicht alle Pilze untereinander. Shiitakes und Seitlinge sind zum Beispiel nicht unbedingt beste Freunde, denn ein

KULINARISCHE EROBERUNG:
Kräuterseitlinge in voller Pracht.

sporender Shiitake verursacht bei Kräuterseitlingshüten eine recht eigenwillige Frisur. Seitlingssporen können bei anderen Pilzen ebenfalls ein lästiger Dachgeschoss-Mieter werden und weiße Wattepünktchen auf den Hüten anderer Pilze verursachen. Das Geheimnis ist also, die Pilze vor dem Aussporen zu ernten. Also dann, wenn die Hutkante noch leicht nach unten geneigt ist.

JEDER BRAUCHT SEINE FREIHEITEN!

Auch deinen Pilzsubstraten kann es in der Grow-Box zu eng werden. Lass immer ein wenig Abstand zwischen den Substratblöcken, idealerweise 7–15 cm. Wenn sie dicht an dicht stehen und sich nicht genug ausbreiten können, fällt deine Ernte um einiges bescheidener aus.

PILZE LEBEN VON LICHT UND LIEBE. NAJA, FAST!

Nicht jedem ist das bewusst: Viele Pilze benötigen Licht zum Wachsen. Gibt man den Pilzen in der Fruchtphase kein Licht, bleiben sie blass und können nicht alle ihre kostbaren Inhaltsstoffe ausbilden. Wird beispielsweise der Shiitake mit Tageslicht oder UV-Licht bestrahlt, entwickelt er einen sehr hohen Gehalt an Vitamin D. Über 6–12 Stunden Licht pro Tag freut sich jeder Pilz. Die einzigen Maulwürfe unter den Pilzen sind etwa Champignon, Schopftintling oder Mandelpilz. Wenn es nach ihnen geht, könnte man sie sogar im Dunkeln ernten. Das mit der Liebe ist eine super Sache. Schenkst du deinen Pilzen etwas Aufmerksamkeit, Streicheleinheiten und ein ausgedehntes Wellness-Programm in Form einer täglichen Sprühnebeldusche, bedanken sie sich mit noch besseren Erträgen.

WAS DARF'S SEIN? PILZARTEN UND IHRE WOHLFÜHLORTE

Damit du deine Grow-Box gut auf die jeweiligen Bedürfnisse deiner Pilzkulturen einstellen kannst, findest du hier eine Auflistung der wichtigsten Parameter:

Pilzart	Temperatur	Wachstums-phase	Abstand zw. Ernten	Relative Luftfeuchtigkeit
Champignon	10–18 °C	12–18 Tage	7–14 Tage	95–100 %
Gelber Austernseitling	21–29 °C	3–5 Tage	10–14 Tage	90–95 %
Igelstachelbart	18–24 °C	4–5 Tage	14 Tage	90–95 %
Kräuterseitling	15–21 °C	4–8 Tage	14 Tage	85–90 %
Nameko	13–18 °C	5–8 Tage	14 Tage	90–95 %
Reishi	21–27 °C	60 Tage	30–60 Tage	90–95 %
Flamingo-Seitling	20–30 °C	3–5 Tage	7–10 Tage	85–90 %
Samtfußrübling	10–16 °C	5–8 Tage	10–12 Tage	90–95 %
Shiitake	16–18 °C bzw. 21–27 °C (je nach Züchtung: kalt oder warm)	5–8 Tage	14–21 Tage	60–80 %
Sommerseitling	18–24 °C	3–5 Tage	7–10 Tage	85–95 %
Taubenblauer Austernseitling	10–21 °C	4–7 Tage	10–14 Tage	85–90 %
Waldviertler Austernseitling	10–21 °C	4–7 Tage	10–14 Tage	85–90 %

HOLZSUBSTRATKULTUR IM CONTAINER: STARTE DEINE PROFESSIONELLE PILZZUCHT!

Wenn man sich einmal in Pilze verliebt hat, ist es schwer, sich ein Leben ohne sie vorzustellen. So geht es mittlerweile vielen Menschen. Ob Landwirtin, Student oder Manager – jeder hat das Zeug zum Pilzbauer oder zur Pilzbäuerin. Frischpilze gelten in der Landwirtschaft als Urprodukte. Neben Großbetrieben, die viele Tonnen Pilze pro Woche erzeugen, gibt es die kleinstrukturierten landwirtschaftlichen Betriebe, die einen wichtigen Beitrag zur ernährungssouveränen Lebensmittelproduktion leisten.

Du bist dem Pilzfieber verfallen und möchtest den Anbau in großem Stil betreiben? Dann erzeuge doch eigene Speisepilze für deine Region. Mach die Pilzzucht zu deiner Berufung! Bedenke dabei: Wir alle brauchen Vorbilder – Menschen, die uns Lebensweisen und das richtige Handwerken näherbringen. Mit der Pilzzucht ins kalte Wasser springen, mag vielleicht anfangs erfrischend sein, aber mit anderen zu lernen und gegenseitig Erfahrungen auszutauschen ist extrem kostbar. David Reiser, ein innovativer Pilzzüchter aus Rohrau in Niederösterreich, gibt uns hier einen kleinen Einblick in sein Leben als professioneller Pilzzüchter. Du möchtest das auch ausprobieren? Schau auf die Checkliste (S. 97) und lass dich von diesem Kapitel inspirieren. Mehr Infos zum professionellen Anbau findest du in der weiterführenden Literatur ab S. 156.

↓ **DU KANNST DIE PILZE** schon gar nicht mehr an der Hand abzählen? Dann mach deine Pilzliebe zum Beruf!

← ALLES KLAR?
Dann kann's losgehen!

Neustart: Deine Pilz-Checkliste

Du bist total motiviert? Dann nichts wie los! Schau zuerst, ob du alle nötigen Voraussetzungen erfüllst:

JA   NEIN

○ ○ Du hast Räumlichkeiten, in denen genug Platz ist, um eine Pilzzucht umzusetzen?

○ ○ Du bist bereits Expertin im Bereich der Substratzusammensetzung?

○ ○ Du hast geeignete Gerätschaften, die dir helfen, deine Substrate zu mischen, zu sterilisieren und zu beimpfen?

○ ○ Du kennst die wichtigsten Umgebungsparameter und hast deine Räume bereits mit der richtigen Klimatechnik ausgestattet?

○ ○ Du träumst sogar schon von deinem Produktionsablauf?

○ ○ Du weißt schon genau, welche Pilze du anbauen (und verkaufen) möchtest?

○ ○ Du kennst deine zukünftigen Abnehmer für die Frischpilze?

○ ○ Du lässt dich von keiner Checkliste der Welt einschüchtern?

Dein eigenes Substrat: mischen, backen, besiedeln!

Der wichtigste Rohstoff für deine Pilzzucht ist der Nährboden, auf dem du deine Pilze später züchten wirst. Wenn du Pilze im großen Stil anbauen möchtest, kannst du so richtig zum Tüftler werden. Ganz nach dem Motto: Misch's dir einfach selbst!

Da der Vorgang aber auch Präzision, Know-how und teures technisches Equipment erfordert, lagern die meisten Pilzzüchter diesen Arbeitsschritt aus und beziehen gleich fertig beimpfte Substrate. In diesem Kapitel kannst du dir einen groben Überblick über die verschiedenen Arbeitsschritte verschaffen. Nähere Infos findest du in der Fachliteratur (S. 156).

> *Du brauchst:*
>
> › *Eigens zusammengestellte Substratmischung (siehe S. 98)*
> › *Mischmaschine: Bandwendelmischer oder Futtermittel-Schrägmischer; alternativ: Schaufel*
> › *Wasserschlauch mit Sprühaufsatz*
> › *Kulturbeutel: aus Polypropylen (PP) mit speziellem Luftfilter, alternativ aus Hart-Polyethylen (HDPE)*
> › *Zum Abmessen: pneumatischer Zylinder mit Fußpedal, Waage*
> › *Zum Sterilisieren: Autoklav oder Dampfkammer für die Super-Pasteurisation*

DIE RICHTIGE MISCHUNG

Mit ein bisschen Experimentierfreudigkeit kannst du dir natürlich deine ganz persönliche Substratmischung überlegen. Für den Anfang kannst du mit der folgenden Rezeptur starten. Beachte: die Anteile beziehen sich immer auf die Trockenmasse.

- 75 % Laubholzspäne (2–4 mm, Holzspäne von Buche, Eiche, Birke)
- 10 % Bio-Weizenkleie
- 10 % geschrotetes Getreide (2–3 mm fein, aus Hirse, Weizen, Roggen, Dinkel, Triticale u.a.)
- 3 % Presskuchen von Ölfrüchten (z. B. Sonnenblume)
- 2 % Kalk

Anfangs musst du alle Rohstoffe in trockenem Zustand homogen vermischen. Bandwendelmischer oder Futtermittel-Schrägmischer aus dem Fachhandel sind eine große Investition, die sich aber bezahlt machen kann, wenn du die Pilzzucht so richtig professionell angehen möchtest. Ansonsten kannst du probieren, sie gebraucht zu kaufen – oder sie gemeinschaftlich mit anderen Landwirtinnen nützen.

Die kostengünstigste, aber arbeitsintensivste Methode wäre für den Anfang, eine Schaufel zu verwenden.

Nach dem Homogenisieren wird das Substrat langsam und gleichmäßig mit Wasser befeuchtet. Dazu kann ein Schlauch mit Sprühaufsatz

verwendet werden. Der optimale Feuchtigkeitsgehalt deines Substrates liegt zwischen 60 und 70 % – für Shiitake-Kulturen bei etwa 60 %, für Kräuterseitlinge bei 68–70 %. Hier kommt bei der Faustprobe (S. 107) noch kein Tropfen heraus. Es ist eine Kunst, die richtige Menge Wasser in das Substrat zu mischen. Entwickle ein Gespür dafür, wie viel Feuchtigkeit dein Substrat aufnehmen kann.

Wenn du das Substrat in der Faust auspresst und 1–2 Tropfen zwischen den Fingern quillen, ist es meist ausreichend. Ist die Mischung zu feucht, entstehen dadurch später im Substratbeutel anaerobe, also sauerstofffreie Stellen, die nicht vom Myzel besiedelt werden können.

BACKE, BACKE PILZE …

Fülle die Mischung nach dem Befeuchten in die Kulturbeutel. Als Arbeitserleichterung dient dir beispielsweise ein pneumatischer Zylinder, der eine gewisse Menge an Substrat in den Beutel rieseln lässt. Diese Methode ist zwar nicht ganz genau, kann aber einfach umgesetzt werden und ist günstig. Natürlich kannst du die Beutel mit größerem Zeitaufwand selbst befüllen oder abwiegen. Am Ende liegt das Gewicht pro Beutel bei etwa 2,5–3,3 kg. Prinzipiell kann das Füllgewicht je nach verwendeter Beutelgröße variieren.

Anschließend müssen die Substrate noch sterilisiert werden. Dazu verwendet man meistens einen sogenannten Autoklav. In diesem abgeschlossenen Druckbehälter wird die abgefüllte Mischung unter Druck (1,2 bar) mit einer Temperatur von 121 °C durch und durch erhitzt. Dieser Prozess kann je nach Füllung und Größe des Autoklaven 3–6 Stunden dauern.

Wer schon einmal etwas von Super-Pasteurisation gehört hat, kann sich auch genauer mit dieser Variante befassen. Dabei gibt es keinen komplett geschlossenen Druckbehälter, sondern das Holzsubstrat wird über mindestens 10 Stunden

bei mindestens 96 °C im Zentrum des Substratbeutels ohne Druck in einer Dampfkammer gedämpft. Das Substrat ist nach dem Dämpfen aber nicht steril! Bei der Super-Pasteurisation überleben die Endosporen einiger Bakterienarten, welche später im Substrat keimen und zu Problemen führen können.

Egal, welches Verfahren man bevorzugt, am Ende darf kein Keim überhandnehmen. Eine Dampfkammer ohne Überdruck zu bauen ist wesentlich kostengünstiger als ein Autoklav, jedoch bedarf es schon sehr spezieller Erfahrung, um auch mit dieser Methode konsistent hohe Erträge von den Substraten zu bekommen.

Where the real magic happens: Die Beimpfung

Im Verborgenen, oft in tief gelegenen Kellerräumen oder abgeschotteten Hinterzimmern, wird den Substraten dann Leben eingehaucht. Ein leichtes Rauschen ist zu hören, es riecht nach Holz und Getreide. Die sterile Werkbank ist hier

> ### Du brauchst:
>
> › eine sterile Umgebung: Laborraum, sterile Werkbank
> › Getreidebrut
> › Schöpfkelle und Bunsenbrenner zum Abflammen
> › Folienschweißgerät

Hauptarbeitsplatz.

Die sterilisierten Substrate können ab einer Kerntemperatur von unter 100 °C aus dem Autoklaven genommen werden und in steriler Umgebung abkühlen. Die heißen Beutel müssen auf etwa 25–27 °C abkühlen, bevor sie in Kontakt mit dem Myzel kommen. Ist das Substrat zu heiß, stirbt das Myzel ab. Im sauberen Laborraum beimpft man nun die Substratbeutel mit ca. 2–5 % Getreidebrut. Je mehr Brut man für die Beimpfung

↑ **IM SCHIFFSCONTAINER** fühlen
sich die Shiitakes so richtig wohl.

verwendet, desto schneller wird das Material besiedelt, doch zu viel des Guten ist irgendwann nicht mehr wirtschaftlich. Wer genau arbeitet, beimpft mit einer Getreidebrut (ca. 3 kg) etwa 50 Substratbeutel! Für die Übersetzung des Myzels verwendest du eine Schöpfkelle, die du zuvor abgeflammt hast. Anschließend werden die Beutel mit einem Schweißgerät zugeschweißt. Lass auf jeden Fall genügend Luft im Beutel, denn die Vermischung von Substrat und Myzel erfolgt dann durch Schütteln und Verteilen bzw. Einmassieren. Je gleichmäßiger du die Pilzbrut in das Holzsubstrat einmischst, desto besser und schneller wird der Beutel durchwachsen. Über das richtige Mischen und Schütteln der Substrate könnten sich Pilzzüchter abendfüllend unterhalten.

Es bleibt spannend: Die Durchwachsphase, Erntezeit und Vermarktung

Da sich ab diesem Punkt die Bedingungen wie die Klima- und Bewässerungstechnik sowie die Pflege, Ernte und Vermarktung mit der Profi-Variante der Kaffeekultur überschneiden, sei hier in Bezug auf das weitere Vorgehen auf dieses Kapitel verwiesen (ab S. 108). Nähere Infos zum Durchwachsraum findest du auf S. 111. Der Fruchtungsraum wird auf S. 112 vorgestellt. Welche Räumlichkeiten sich zusätzlich zum Kühlen und Vermarkten anbieten, erfährst du auf S. 113.

DIE UNTERSCHIEDE:

Die Räumlichkeit: David Reiser arbeitet mit seinen Holzsubstraten in ausgemusterten Schiffscontainern (siehe Foto links). Die Kaffeekultur hingegen, wie sie „Hut & Stiel" betreiben, findet in Kellerräumen statt. Natürlich kannst du Holzsubstratkulturen auch im Keller anbauen.

Durchwachsphase/Durchwachsraum: Je nach Pilzart sind 22 °C (z. B. Shiitake) bis 23 °C (z. B. Kräuterseitling) eine ideale Durchwachstemperatur. Hat man nur einen Durchwachsraum zur Verfügung, ist eine Raumtemperatur von

22 °C optimal. Genaue Angaben findest du in der Fachliteratur (ab S. 156). Mit einem gewöhnlichen Bratenthermometer kann die Substratkerntemperatur überwacht werden. Sie liegt idealerweise zwischen 25 und 27 °C. Steigt die Temperatur über 30 °C, kann das Myzel Schaden nehmen. Allgemein muss man zwischen 3 und 15 Wochen für das Durchwachsen der Substrate einrechnen.

Erntephase/Fruchtungsraum: Beim Kräuterseitling muss die Oberfläche des Substrats, bevor der Kulturbeutel geöffnet wird, etwas massiert werden. Das sogenannte „scratchen" ist wichtig, denn so wird das Myzel stimuliert, größere Pilze auf der Oberseite des Substrates zu bilden. Der Raum sollte gut zu reinigen sein. Sofern Wände und Decke nicht abwaschbar sind, kann alternativ mind. 1–2 Mal pro Jahr mit einer Kalkspritze oder mit Malerrollen und Kalkfarbe ausgekalkt werden. Wenn der Raum mit unterschiedlichen Pilzen bestückt wird, müssen die Kulturen mit 13–18 °C auskommen. Abhängig von der gewählten Kultursorte benötigen deine Pilze etwa 80–95 % relative Luftfeuchtigkeit.

PILZE AUF KAFFEESATZ: AUFWECKEND, SINNSTIFTEND, LUSTIG

Pilze und Kaffee? Klingt im ersten Moment nach einer ungewöhnlichen Kombination. Dabei können sich die beiden ganz wunderbar leiden. Das, was von deinem Morgenkaffee übrigbleibt, den Kaffeesatz, kannst du nämlich als idealen Nährboden für deine Pilze verwenden. Damit verwandelst du etwas, das sonst im Müll landen würde, in eine wertvolle Ressource.

Außerdem kostet die Anschaffung quasi nichts: Der Kaffeesatz kommt direkt aus deiner Kaffeemaschine, von deinen Nachbarn, Freunden oder aus dem Büro. Darin stecken noch alle Nährstoffe der Kaffeebohne, gleichzeitig ist das Pulver durch den Brühvorgang keimarm. Die Kaffeekultur braucht wenig Platz, wenig Aufwand und kann bis zu 3 Mal beerntet werden. Nach der Erntephase lässt sich der Kaffeesatz ganz einfach kompostieren (z. B. in deiner Wurmkiste, S. 83). Na, schon überzeugt? Nachhaltiger geht's nämlich fast nicht: Wer auf die Herkunft achtet, kann von der Kaffeebohne bis zur kompostierten Erde einen einzigen Kreislauf erschaffen.

Was passt zu mir?

Deine eigenen Kaffeegewohnheiten können dir Aufschluss darüber geben, welche Art der Pilzzucht am besten für dich geeignet ist. Bist du ein wahrer Koffein-Junkie? Oder genießt du als Gelegenheitstrinkerin nur ab und zu ein Tässchen? Oder gehörst du überhaupt zu den Kaffeeverweigerern, in deren Küchenschränke sich zwar die verschiedensten Teepackungen stapeln, aber keine einzige Kaffeebohne in Sicht ist?

Pilze to go, bitte!

Kaffee? Nein danke. Eine Kaffeemaschine ist das letzte, das du dir anschaffen würdest. Vorher würdest du noch eher einen Milchaufschäumer kaufen. Damit kannst du dir wenigstens Kakao machen. Als Kaffeeverweigerer fehlt dir der Rohstoff, um deine Pilzzucht zu starten. Für dich bietet sich an, Frischpilze, die auf Kaffeesatz gezüchtet worden sind, zu kaufen. Diese kannst du inzwischen immer häufiger und in Zukunft hoffentlich fast überall erwerben, ganz einfach und unkompliziert. Wenn du Glück hast, kommen die Pilze sogar mit dem Fahrrad zu dir – ganz frisch und direkt vom Pilzbauern. (S. 104)

Einmal das Kaffee-Orakel, bitte!

Kaffee steht bei dir nur morgens auf dem Programm, oder am Nachmittag, sollte dich einmal die Müdigkeit überfallen. Deinen Kaffeegenuss siehst du pragmatisch: Gerne ab und zu, aber nicht immer. Wenn sich bei dir jeden Tag ein bisschen Kaffeesatz ansammelt, kannst du bereits deine eigene Kaffeekultur im Kübelchen starten. Da-

mit gehst du den Dingen selbstständig auf den Grund. Das mutet vielleicht ein wenig wie das Wahrsagen mit Kaffeesatz an: denn die eigenen Pilze aus dem Verborgenen heranwachsen zu sehen, sie zu pflegen, zu ernten und dann verarbeiten und genießen zu können – das sind wirklich schöne Zukunftsaussichten! (S. 104)

Für dich und für mich: Einen Doppelten, bitte!

Von dem schwarzen Elixier kannst du gar nicht genug bekommen. Für dich lautet die beste Zeit, um dir ein Schlückchen Kaffee zu genehmigen, immer: jetzt. Dabei genießt du dich durch die ganze Kaffeevielfalt: ob Café au Lait, Ristretto oder Eiskaffee. Du willst das volle Kaffeehaus-Feeling bei dir zu Hause erleben? Dann bleibt dir wohl nichts anderes übrig, als selbst ein Kaffeehaus, oder besser gesagt eine Pilzzucht, zu eröffnen. So kannst du nicht nur für dich, sondern auch für deine Freunde, Bekannten oder für die ganze Stadt frische Edelpilze auf Kaffeesatz züchten. (S. 108)

↑ **SCHMACKHAFTE** Austernseitlinge gefällig?

↑ **HIER SPRIESST ES** (wie) aus Kübeln!

PILZE? LASS ICH MIR GANZ EINFACH LIEFERN

Du isst gerne Pilze, willst aber nicht immer auf sie warten? Das muss du auch nicht! Bestell sie dir einfach nach Hause, oder besorg sie dir bei deinem nächstgelegenen Pilzbauer. Frischpilze aussuchen, liefern lassen (oder abholen), verkochen, genießen – und das ganz abseits von großen Lebensmittelkonzernen. Wenn wir Pilze aus kleinstrukturierten landwirtschaftlichen Betrieben beziehen, aus denen man die Liebe und Frische so richtig schmecken kann, sind wir Teil einer ernährungssouveränen Gesellschaft. Das macht einfach Sinn!

Entspanne dich bei einem Tässchen Tee oder Kaffee und überlege in Ruhe, welche Frischpilze du von deinen Pilz-Nahversorgern diesmal zu Tisch bittest. Wenn du Glück hast, kommen deine edlen Pilze sogar besonders CO_2-neutral und mit einem grünen „Food-Print" direkt per Lastenrad bis zu dir nach Hause. Informiere dich, wer in deiner Nähe tolle Kaffeesatz-Projekte betreibt und setz dich mit den Pilzbäuerinnen und -bauern in Verbindung! (S. 158)

HOME-GROW-KIT: KAFFEEKULTUR IM KÜBELCHEN

Wenn du eine Kaffeemaschine, einen Espressokocher oder einen Kaffeefilter dein Eigen nennst,

selbst gerne Mokka und Co. trinkst und kaffeetrinkende Freunde hast – hurra! Das sind optimale Startbedingungen für deine Pilzzucht auf Kaffee. Gibt es etwas Spannenderes, als den Kaffeesatz aus deiner eigenen Kaffeemaschine zu holen und daraus später wie von Zauberhand Pilze wachsen zu sehen? Wohl kaum. Los geht's!

Du brauchst:

› Kaffeesatz
› einen sauberen, verschließbaren Behälter mit einem Fassungsvermögen von 2–4 Litern
› zum Reinigen: heißes Wasser und Desinfektionsmittel
› Bohrmaschine: Forstnerbohrer empfohlen (10–20 mm Durchmesser)
› Pilzbrut, 3–10 Volumprozent von der gesamten Masse
› Vliespflaster, z. B. Micropore (erhältlich in Apotheken)

Durch den Brühvorgang wird dein Kaffeesatz quasi pasteurisiert, also keimfrei gemacht, und kann in späterer Folge gleich weiterverwendet werden. Ist dein Kaffeesatz schon älter als 3 Tage, musst du ihn pasteurisieren, bevor du ihn als Nahrung für deine Pilze verwenden kannst. Sobald du deinen Kaffee ausgetrunken hast, wird der angefallene, abgekühlte Kaffeesatz am bes-

↑ **ERSTAUNT?** Pilze auf Kaffeesatz wachsen unglaublich schnell!

↑ **KAFFEESATZ:** ein duftender, schmackhafter Nährboden für deine Pilze.

ten sofort in den dafür vorgesehenen Behälter geleert. Diesen lagerst du bis zur Beimpfung im Kühlschrank bei ca. 7 °C.

Bevor du deinen Kübel mit Kaffeesatz und Pilzbrut befüllst, kannst du ihn entweder mit sehr heißem Wasser auswaschen oder mit Desinfektionsmittel reinigen. In den Kübel bohrst du 2–4 Löcher. Durch diese können später deine Pilze herauswachsen. Platziere die Bohrungen möglichst mittig und mit gleichem Abstand zueinander. Die Löcher kannst du bis zur Fruchtungsphase mit einem Vliespflaster verschließen. Dieses schützt bis zu einem gewissen Maß vor Kontaminationen. 1–2 Löcher am Deckel und 1–2 Löcher rund um den Kübel sind in der Regel ausreichend, damit deine Pilze den Weg nach draußen finden. Machst du zu viele Löcher, könnte der Inhalt zu stark austrocknen. Es gilt auch: Je größer der Kübel, desto mehr Löcher kannst du bohren.

Dein Kaffeesatz ist hungrig und möchte gefüttert werden! Die Beimpfung

Du kannst zwischen 2 verschiedenen Varianten wählen, wie du deinen Kaffeesatz beimpfen möchtest.

VARIANTE 1: JEDEN TAG EIN LECKERES HÄPPCHEN SCHADET NICHT

Diese Methode bietet sich an, wenn du deinen Kaffeesatz erst nach und nach sammelst.

Ist der Boden deines Kübels mit ca. 1–2 cm Kaffeesatz bedeckt, mischst du eine dünne 1 cm dicke Schicht durchwachsene Pilzbrut in den gesammelten Kaffeesatz. Platziere den Kübel im Innenraum bei einer Raumtemperatur von maximal 22–25 °C. In dieser Phase benötigen deine Pilze noch kein Licht. Dein Kübel kann also auch in einem Abstellkasten oder an einem anderen dunklen Ort aufgestellt werden. Nach 1–3 Tagen sollte der gesamte Kübel mit Pilzmyzel durchwachsen sein. Nun kannst du dein Home-Grow-Kit weiter mit neuem Kaffeesatz „füttern". Das Pilzmyzel wird nur am Anfang mit dem Kaffeesatz durchmischt. Bei jeder weiteren „Fütterung" kann der feine Sud einfach darüber gestreut werden. Verwendest du einen Espressokocher oder einen Kaffeevollautomaten, muss der Kaffeesatz erst zerteilt werden. Klumpen werden vom Pilz schlecht besiedelt.

↑ **FRISCH BEIMPFT:**
So sieht eine gute Mischung aus.

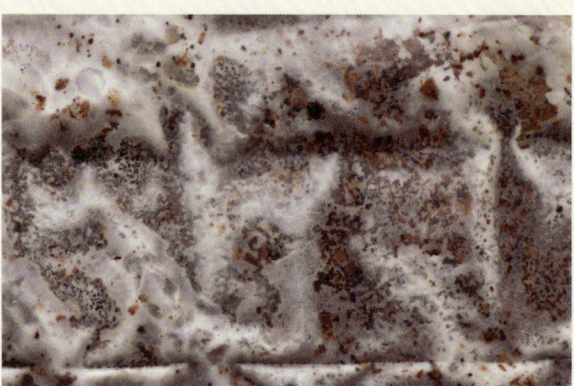

↑ **GUT GENÄHRT:**
Pilzmyzel auf Kaffeesatz.

Den Vorgang wiederholst du so lange, bis dein Kübel mit dem Kaffeesatz vollgefüllt ist. Wenn das weiße Pilzmyzel zur Gänze in das Substrat eingewachsen ist, kommt es meist automatisch zur ersten Fruchtung. Falls nicht, kann der Kübel an einem etwas kühleren Plätzchen im Tageslicht platziert werden, um dem Myzel auf die Sprünge zu helfen. Das Vliespflaster kann nun von den Löchern entfernt werden. So können die Pilze in deinem Kübel besser atmen und fruchten noch lieber aus den vorgebohrten Löchern. Der Deckel bleibt am Kübel, außer du möchtest, dass deine Pilze auf der Oberfläche direkt im Kübel fruchten. Sieht dein Kaffee-Pilzgemisch sehr trocken aus, kannst du es mit einer Wasser-Sprühflasche befeuchten.

VARIANTE 2: EINE AUSGIEBIGE MAHLZEIT REICHT AUS, UM SATT ZU WERDEN

Verwende diese Methode, wenn du in kurzer Zeit eine größere Menge Kaffeesatz zur Verfügung hast.

Hast du innerhalb von 1–2 Tagen mindestens 2 Liter Kaffeesatz gesammelt, kannst du die Fütterungsphase überspringen und einfach gleich mit einer größeren Menge an Pilzbrut den gesamten Kübel beimpfen. Schafft es dein Kaffeekocher nicht, die erforderliche Kaffeesatzmenge zu produzieren, wende dich einfach an andere.

Gute Quellen sind z. B. Kaffeehäuser, Büros etc. Wenn du in deinem Lieblingskaffeehaus anfragst, ob sie dir den am Tag anfallenden Kaffeesatz in einen sauberen Behälter abfüllen, hast du schnell die nötige Menge zusammen. Ist der Kaffeesatz einmal bei dir zu Hause angekommen, kann es schon losgehen.

Zur Beimpfung verwendest du eine Menge an Pilzbrut, die 10 Volumprozent des Kaffeesatzes entspricht. Bei 2 Litern Kaffeesatz wären das 200 ml Pilzbrut. Die Durchwachsphase und Fruchtung laufen gleich wie bei der ersten Variante ab. Wenn dein Pilz-Kaffee stark vom Pilzgeflecht durchwachsen ist, steht nichts mehr zwischen dir und deiner ersten Pilzernte.

Simsalabim, aus Mokka mach Seitling!

Je „gesünder" dein verwendeter Kaffeesatz ist, desto besser sind die Chancen für deinen Pilz-Kübel, ein langes und ertragreiches Leben zu leben. Das heißt auch, dass er weder zu feucht noch zu trocken sein darf. Eine Restfeuchte von 50–60 % ist ideal. Filterkaffeesatz ist tendenziell etwas zu feucht und Siebträger-Kaffeesatz etwas zu trocken. Übung macht den Meister: Hat man am Anfang noch zu wenig Gefühl für den richtigen Feuchtigkeitsgrad des Kaffeesatzes, kann man sich mit 2 verschiedenen Tests behelfen. Pssst: Diese Methode kannst du auch verwenden, um die richtige Feuchtigkeit anderer Materialien zu testen, z. B. Strohpellets (S. 73).

Test 1:
Wenn es schnell gehen soll

Du drückst eine Hand voll Substrat zusammen. Wenn das Substrat tropft, ist die Feuchtigkeit zu hoch. Fällt der Kaffeesatz hingegen nach dem Zusammendrücken in deiner Hand auseinander, ist es zu trocken.

Test 2:
Für diejenigen, die es wirklich genau wissen wollen

Du wiegst 100 g des fertigen Substrates ab und gibst es für 6 Stunden bei 50 °C in den Backofen. Danach wiegst du es erneut ab. Wiegt das Pulver mehr als 50 g, ist der Kaffeesatz zu trocken. Wiegt es weniger als 40 g, ist dein Substrat zu feucht.

Was tun, wenn zu feucht?
Du kannst den heißen Kaffeesatz mit einigen Blättern Küchenpapier abtupfen.

Was tun, wenn zu trocken?
Füge etwas kochendes Wasser hinzu, bis die Feuchtigkeit passt und lass den Kaffeesatz anschließend im Kühlschrank abkühlen, bis du ihn (bald darauf) verwendest.

108

Erntekreislauf

Kommt dein Lieblingspilz gut mit deinem Kaffeesatz aus, steht einem glücklichen Miteinander nichts mehr im Wege. Ist der Pilz in den Kaffeesatz eingewachsen, startet die Fruchtungsphase. Unter optimalen Lebensbedingungen kannst du deine Pilz-Kübelchen bis zu 3 Mal beernten. Es gilt: kein direktes Sonnenlicht, aber ein gemütliches Plätzchen mit Tageslicht. Sprießen die ersten kleinen Pilzansätze aus den „Start"-Löchern, können die Pilze auch zusätzlich mit Wasser aus einer Sprühflasche benetzt werden. 1–2 Sprühvorgänge pro Tag sorgen für die nötige Frische deiner heranwachsenden Pilze. Innerhalb von 3–5 Tagen sind deine Pilze erntereif. Du kannst das ganze Büschel auf einmal ernten, da sie an einer gemeinsamen Nährstoffquelle hängen.

Nach einer kurzen Atempause von ca. 10–20 Tagen hat dein Pilz-Kübelchen wieder genug Energie, um erneut zu fruchten. Wenn die Umgebung, in der das Kübelchen aufgestellt wird, ausreichend feucht ist, muss man die Löcher nicht unbedingt wieder mit Vliespflaster zukleben. Bei zu trockener Raumluft hingegen sollte man die Löcher vor der Fruchtungsphase wieder verschließen. Die zweite und dritte Erntewelle fallen etwas kleiner aus als die erste. Aber: das Warten lohnt sich!

KAFFEEKULTUR IM KELLER: STARTE DEINE PROFESSIONELLE PILZZUCHT!

Du liebst Pilze, bist motiviert, etwas Neues zu lernen und möchtest einen Beitrag zur Herstellung von köstlichen, regionalen, biologischen Lebensmitteln leisten? Und ganz nebenbei noch einer genialen Berufung nachgehen? Dann ist der Job der Pilzbäuerin oder des Pilzbauern genau das Richtige für dich! Lass dich vom Pilzfieber anstecken und züchte Pilze für dich und deine Region. Um eine Stadt mit Lebensmitteln versorgen zu können und ein wachsendes Bewusstsein für unsere Umwelt und Gesundheit zu unterstützen, sind neue Wege zu gehen. Es ist mit einem guten Gefühl verbunden, zu wissen, woher unsere Nahrungsmittel kommen. Wenn nicht vom eigenen Balkon, vom eigenen Garten oder aus dem eigenen Keller, dann zumindest aus der eigenen Stadt. Und so ist es kein Wunder: Pilze, die genügend Zeit hatten zu wachsen, entspannt geerntet werden und keine langen Transportwege hinter sich haben, schmecken einfach besser!

Bevor du loslegen kannst, brauchst du natürlich eine gute Strategie. Beginne mit diesen Fragen:
• In welchem Ausmaß möchtest du Pilze züchten?
• Welche Räumlichkeiten stehen dir zur Verfügung?
• Woher bekommst du die Rohstoffe?
• Wie und wo möchtest du deine Pilze vermarkten?
• Wie viel Budget hast du?
• Und zu guter Letzt: Welche Pilzarten möchtest du kultivieren?

Lust zu experimentieren?

Du möchtest, dass deine Pilzkultur in einem anderen Kübel weiterlebt? Dann versuche es doch mit sogenannten Pilzablegern. Dafür nimmst du einen Teil deines von Myzel durchwachsenen Kaffeesatzes und startest mit diesem eine neue Kultur. Es fungiert dann für die nächste Kultur als Pilzbrut, du brauchst also keine weitere Brut mehr dafür verwenden. Verfahre auf die gleiche Weise wie zuvor beschrieben mit Variante 1 oder 2.

FLORIAN HOFER (L.) UND MANUEL BORNBAUM (R.) VON „HUT & STIEL" haben viele Tipps für dich, wie du Pilze auf Kaffeesatz züchten kannst.

Die wichtigsten Anbautipps und Antworten findest du hier. „Hut & Stiel" begleiten dich in diesem Kapitel mit ihren Erfahrungen.

Challenge: Die richtige Raumausstattung

Hast du gewusst? Deine Pilze sind sehr ordentlich, lieben Frischluft und mögen keine faulen Mitbewohner. Um herauszufinden, ob deine Räumlichkeiten diese Wünsche erfüllen, kannst du diesen Test machen. Je öfter du "Ja" ankreuzen kannst, desto besser! Ist noch das ein oder andere "Nein" dabei: Kein Problem – was nicht ist, kann ja noch werden.

Deine Checkliste für Kellerkulturen:

JA NEIN

○ ○ An der Wand befindet sich kein Schimmel?

○ ○ Besteht die Möglichkeit, Wände und Boden zu sanieren?

○ ○ Sind Wasser- und Stromanschluss vorhanden?

○ ○ Herrschen geregelte Temperaturen zwischen 10 und 18 °C vor?

○ ○ Hast du mehrere Räume zur Verfügung?

Damit die Pilze konstante Erträge liefern können, müssen deine Räume also einige Voraussetzungen erfüllen. Am wichtigsten ist dabei die Sauberkeit. Wenn die Pilze eines nicht wollen, dann ist das, sich ihren Platz von Schimmelpilzen streitig machen zu lassen. Die Räume sollten also leicht zu reinigen sein. Weil sich die Pilze aber gleichzeitig in einem feuchten Mikroklima wohlfühlen und im Trockenen keine Fruchtkörper ausbilden, muss auf die Schimmelabwehr besonders geachtet werden. Am besten funktioniert das mit einer gesteuerten Raumbelüftung. Wähle einen Raum aus, der unabhängig von den Jahreszeiten konstante Temperaturen aufweist. Letztendlich möchtest du ja nur eines: das richtige Wohlfühlklima für deine Pilze schaffen.

Deine Pilze auf der Suche nach der perfekten WG

Deine Pilze möchten gerne eine WG starten! Hier ein Inserat, das ihnen zusagen könnte:

Luxus-Kellerapartement mit kleinen Fenstern zu vermieten!
- 50 m² Wohnfläche
- 10 m² Abstellfläche
- großzügige Raumaufteilung
- praktischer Grundriss
- ausreichend Lagerräume
- feuchte Raumluft
- gleichbleibende Temperatur von angenehmen 12–18 °C im Fruchtungsraum und von 22–26 °C im Durchwachsraum
- Ausstattung: Fliesenböden für ein gemütliches Raumklima, Wasser- und Stromanschluss inklusive
- vor kurzem renoviert (Mauerwerk stabil, Wandisolierung erneuert)
- dunkle Raumatmosphäre ohne Ausblick
- untererdig
- gute Verkehrsanbindung
- nicht möbliert
- Blick auf Gehsteig
- barrierefrei
- sympathische Pilzliebhaberinnen als Nachbarn

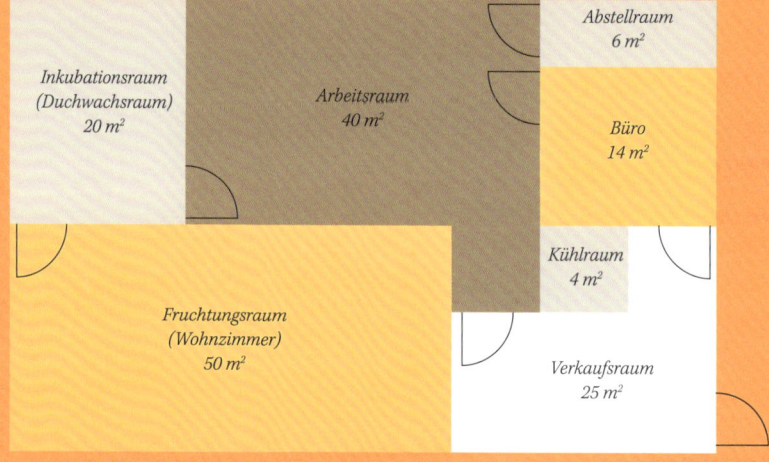

Viel Platz für deine Pilze: Hier bekommen sie ihre eigene Wohngemeinschaft!

Bei Kellerkulturen ist es besonders wichtig, sich eine gute Raumlogistik aufzubauen. Jeder Raum soll optimal genutzt werden. Eine klare Raumaufteilung ist für deinen Workflow und deine Pilzkulturen wichtig. Im Pilzanbau gibt es eine empfohlene Reihung der Räumlichkeiten:

1. *Arbeitsraum:* hier wird verarbeitet, gemischt, gepresst, befüllt …

2. *Durchwachsraum*: das Wartezimmer für deine Pilze, in dem sie entspannt durchwachsen und Energie tanken

3. *Fruchtungsraum:* hier wachsen deine Pilze heran, es wird geerntet (der technisch aufwendigste Raum)

4. *Nebenräume:* Kühlraum, Verkaufsraum (am besten inkl. einer Kühlzelle, damit deine Pilze auch frisch zu deinen Kunden kommen)

Jetzt wird es kalt: In der Kühlzelle lagern die Pilze, bis sie ein neues Zuhause bei anderen Pilzliebhabern gefunden haben.

Arbeitsraum: Jetzt werden die Ärmel hochgekrempelt!

In der ersten Station deiner Pilzproduktion wird vermischt und befüllt.

Du brauchst:

> einen Raum, der von außen gut zugänglich ist und verfliese Wände und Böden mit Abfluss zur leichten Reinigung hat

> Kaffeesatz

> eine Presse für die Feuchtigkeitsregulierung im Kaffeesatz

> Materialien für die Beimpfung: Pilzbrut, Kalk, Kaffeehäutchen (die äußere Schale von Kaffeebohnen, Abfallprodukt beim Rösten)

> Mischstation für die Beimpfung, z. B. umfunktionierte Beton-Mischmaschine

> Abfüllanlage, Schaufel, Waage

> Kultursäcke mit einer Füllmenge von 3–5 Litern, z. B.: speziell perforierte schwarze Folie in Rollen oder durchsichtige Polyethylen-Säcke, die gegebenenfalls mit einer Walze perforiert werden

> Folienschweißgerät

> rollbare Stellagen (z. B. Danish Flower Trolleys)

Der Arbeitsraum sollte von außen gut zugänglich sein, sodass du alle nötigen Materialien immer gleich hineinverfrachten kannst. Zudem soll er leicht zu reinigen sein. Die Geräte in deinem Arbeitsraum umfassen erstens eine Presse, mit der du die benötigte Feuchtigkeit im Kaffeesatz regulieren kannst. Dazu kommt eine Mischstation, in der Kaffeesatz, Pilzbrut, Kalk und Kaffeehäut-

chen homogen gemischt werden können. Bei der Abfüllstation kannst du deiner Kreativität freien Lauf lassen. Du kannst auch händisch mit Schaufel und Waage abfüllen. Die Kaffee-Pilz-Mischung wird in speziell perforierte Säcke gefüllt. Zum Schluss werden diese mit dem Folienschweißgerät verschlossen.

Um den Überblick zu behalten, beschriftest du jeden Kulturbeutel mit der verwendeten Pilzart, dem Verarbeitungsdatum und dem Substratgewicht. Dokumentation ist wichtig! Je akribischer, desto besser für alle deine zukünftigen Ernten.

Durchwachszimmer: einfach mal im Warmen chillen

In der zweiten Station wächst sich das Myzel in das Kaffeesatzsubstrat ein.

↑ DIE SÄCKE werden liegend gelagert – ein etwas unheimliches Wartezimmer.

Ist das Substrat einmal abgefüllt, wird es auf den rollbaren Stellagen in das Durchwachszimmer transportiert. Dort dauert die Durchwachsphase dann, abhängig von Raumtemperatur, Brutmenge und Substratmenge, ca. 4 Wochen. Ein weiterer Faktor ist der Durchmesser der Beutel: je dicker, desto länger braucht das Myzel, um überall hinzugelangen. In diesem Zimmer werden unterirdische Bedingungen nachgeahmt, es braucht also keine Lichtquellen. Pilzmyzel wächst gerne im Verborgenen und kommt erst ans Licht, wenn es stark genug ist, um zu fruchten.

Der Raum muss nicht so viele Anforderungen erfüllen wie der Arbeits- oder Fruchtungsraum. Die Temperatur soll bei ca. 25 °C liegen. Wer sich jetzt Sorgen macht, dass es in seinem oder ihrem Keller nicht warm genug ist, sei beruhigt: In der Besiedelungsphase erhitzen sich die Substrate oft von alleine. Du brauchst also keine Heizung. Nichtsdestotrotz solltest du die Kerntemperatur der Substrate überprüfen. Liegt sie über 30 °C, wird es dem Myzel zu heiß und es breitet sich nicht weiter aus. Als Messgerät eignet sich ein einfaches Bratenthermometer. Die Luftfeuchtigkeit spielt im Durchwachszimmer übrigens eine untergeordnete Rolle und liegt bei ca. 35–45 %. Trotz allem macht es Sinn, regelmäßig für Frischluftzufuhr zu sorgen bzw. eine Raumbelüftung zu installieren – die Pilze produzieren während ihrer Wachstumsphase nämlich ordentlich Kohlendioxid.

Fruchtungszimmer: Tapetenwechsel gefällig?

Im Fruchtungszimmer kommt die volle Pilzpracht zum Vorschein. Hier wird geerntet.

Nach ca. 4 Wochen sind deine Pilze bereit für den nächsten Schritt. Sie haben nun den Kaffeesatz zur Gänze besiedelt und freuen sich auf einen Standortwechsel. Du erkennst den „Reifeprozess" durch Abtasten der Säcke. Die Substrate fühlen sich im Vergleich zur Durchwachsphase nicht mehr warm an. Sie sind wesentlich fester. Falls du durchsichtige Kultursäcke gewählt hast, siehst du das weiße, dichte Geflecht von Pilzfäden. Du bist dir nicht sicher, ob deine Kellerkultur schon übersiedeln darf? Orientiere dich an den Falten der Säcke: je mehr Falten sie aufweisen, desto besser sind sie durchwachsen. Jetzt kommt der Fruchtungsraum zu seinem großen Auftritt.

HIER BIN ICH GERNE: RAUMAUSSTATTUNG

Du brauchst:

> *saubere, leicht zu reinigende Böden und Wände*
> *saubere Arbeitskleidung*
> *Stellagen für deine Pilzsubstrate*
> *Aufhängevorrichtungen*
> *Temperaturen von etwa 12–18 °C (idealerweise: 14–15 °C)*
> *Befeuchtungssystem zum Erhalt der hohen Luftfeuchtigkeit: Ultraschallvernebler oder Befeuchtungskühler*
> *Belüftungsanlage mit feiner Luftfilterung (Filterklasse F9)*
> *Wasser- und Stromanschlüsse*
> *ausreichende Lichtquellen (Echtlichtlampen mit UVB-Strahlung)*
> *für die Ernte: Erntekisten, Messer, Waage, Transportwagen, Mundschutz, Haarnetz, sauberer weißer Labormantel etc.*

Bevor du deinen Fruchtungsraum bestücken kannst, befreie den Boden und alle größeren Oberflächen von Schmutz. Um gesunde Pilze zu ernten, musst du im Fruchtungsraum besonders auf Sauberkeit achten. Schimmelpilze, Bakterien oder andere Schadorgansimen können deine gesamte Ernte ausfallen lassen. Das Arbeiten mit Mundschutz, desinfizierten Händen bzw. Handschuhen und sauberem Schuhwerk minimiert das Kontaminationsrisiko.

Da deine Pilze, darunter vor allem die Seitlinge, eher kühle Bedingungen zum Fruchten benötigen, sorge für das nötige Raumklima: 12–18 °C bzw. idealerweise 14–15 °C bei mindestens 85 % Luftfeuchtigkeit. Wenn dein Fruchtungsraum nicht von sich aus feuchte Bedingungen aufweist, muss ein wenig nachgeholfen werden. Luftbefeuchter und Nebelmaschinen mit Ventilator können hier die nötige feuchte Umgebung erzeugen. Wer wenig Geld für normalerweise sehr teures Equipment ausgeben möchte, baut sich selbst eine Low-Tech- bzw. Low-Budget-Befeuchtungsanlage. Ein Hygrometer leistet wiederum besonders gute Dienste.

Auf Veränderungen soll generell unmittelbar reagiert werden. Ein Ventilator im Raum sorgt für den nötigen Luftaustausch und eine gute Umwälzung von Kohlendioxid- und Sauerstoffgehalt. Befinden sich zu viele Substrate im Raum, kann das eine schlecht Luftumwälzung bedeuten. Ist zu wenig Sauerstoff vorhanden, entwickeln die Pilze zu lange Stiele und zu kleine Hüte.

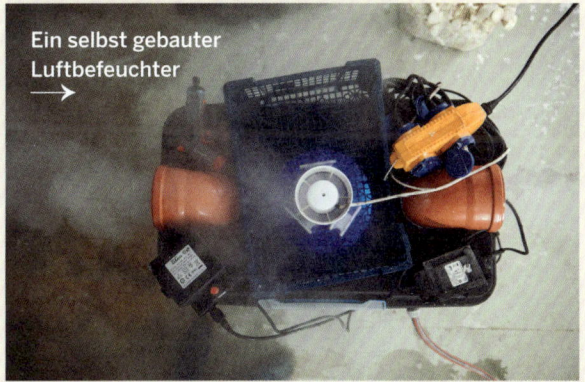

Ein selbst gebauter Luftbefeuchter →

ACHTUNG: ERNTEWELLEN VORAUS!

Die Kultursäcke werden nach dem Szenenwechsel an einigen Stellen zwischen 4–7 Mal aufgeschnitten. Dabei schneidet man mit einem scharfen Messer entweder Kreuze oder Laschen in die Säcke. Wenn deine Pilze sichtbar werden, brauchen sie noch ca. 3–7 Tage, bis sie reif sind für die Ernte. Aber die Zeit vergeht sicher wie im Flug – denn du kannst ihnen förmlich beim Wachsen zusehen. Während gewisser Nächte können sie ganz schön an Größe zulegen und am Morgen dann oft schon geerntet werden. Die Pilze sind erntereif, wenn der Rand des Pilzhutes noch ganz leicht nach unten geneigt ist. Bedenke, dass bei der Ernte des Pilzbüschels auch kleinere Pilze mit abgeschnitten werden.

Die erfolgreiche erste Ernte ist mit viel Applaus über die Bühne gegangen – die Pilze haben sich jedoch erst warmgelaufen und fiebern schon

der Fortsetzung der glorreichen Fruchtungszeit entgegen. Eine ausgewogene Work-Life-Balance gilt auch für deine Kellerkultur. Nach einer etwa 10 Tage langen Ruhephase kommt der nächste Ernteschub. Insgesamt kann man ca. 3 Mal ernten. Das macht pro Ernte 10–30 % der Gesamternte aus. Noch immer nicht genug Pilze gesehen? Wenn man die Kultursäcke aktiv bewässert, kann es noch ein 4. Mal zur Ernte kommen.

Der Zero-Waste-Gedanke setzt sich bei der Entsorgung deiner Kellerkultur fort. Nach der letzten Ernte ist das Substrat zu einem festen Block verwachsen. Du kannst ihn einfach zerbröseln und als wertvollen Dünger für Pflanzen einsetzen. Dein Kompost, deine Biotonne oder deine Wurmkiste freuen sich schon auf einen Besuch deines alten Pilzsubstrates (S. 83).

Weitere Nebenräume für deine Pilzproduktion

Willst du deine Pilze nach der erfolgreichen Ernte nicht nur an deine Freunde, Familie und Nachbarn verschenken, sondern auch an deine Kunden verkaufen? Dann ist ein wenig zusätzliches Equipment von Vorteil. Ein Kühlraum hält deine Pilze zum Beispiel über längere Zeit frisch. Wenn du einen Verkaufsraum hast, können deine pilzliebenden Kunden auch zu dir kommen und ihre Pilze abholen.

Keep it cool: ein Kühlraum für deine Pilze

Sollen deine Pilze gut gelaunt und ganz frisch zu deinen Kunden kommen, muss du dir überlegen, wie schnell du sie vermarkten kannst. Kommen sie nicht am Tag der Ernte aus dem Haus, ist ein Kühlraum, Kühlschrank oder eine Kühlzelle unabdingbar. So halten sich deine geernteten Pilze etwa 4 Tage bei 5–8 °C.

Nachdem du deine Pilze vom Substrat getrennt und in den Kühlraum verfrachtet hast, realisieren sie manchmal noch nicht, dass sie geerntet worden sind. Die Stoffwechselprozesse arbeiten in

114

↑ **DA KOMMT MAN AUF DEN GESCHMACK:**
eingemachte Pilze

den abgeschnittenen Pilzen noch ein wenig weiter. Sie gewinnen zwar nicht mehr an Größe, aber es kann passieren, dass sich das Myzel wie ein Flaum auf dem Pilz noch weiter ausbreitet. Was für manche wie weißer Schimmel aussieht, ist tatsächlich nur der noch nicht deaktivierte Stoffwechsel. Die Pilze sind dann noch genießbar, jedoch ist es in diesem Stadium Zeit, die Pilze in die Pfanne zu werfen. Vermarktungstechnisch ist es ratsam, nicht zu lange mit dem Verkauf zu warten, denn Pilze sind allgemein nicht sehr lange haltbar. Die Kühlkette von der Ernte bis zum Verkauf sollte möglichst ohne Unterbrechung eingehalten werden.

Pilze, frische Pilze! Dein Hofladen

Bieten deine Räumlichkeiten Platz für einen Verkaufsraum, kannst du dir hierzu auch noch einige Gedanken machen. Immerhin ist es der Raum, in dem du mit deinen Kunden in Kontakt trittst. Ein großer Tisch mit Waage, einige rustikale Holzregale und eine passende Raumbeleuchtung können die Basis für deinen Verkaufsraum darstellen. Vielleicht hast du auch noch ein fruchtendes Substrat, Flyer oder Infomaterial, die du deinen pilzliebenden Kunden präsentieren kannst. Wir freuen uns alle, wenn uns ein kleiner Einblick in die Entstehung der wertvollen Pilzprodukte gewährt wird. Damit wächst die Sympathie für und die Freude an deinen Pilzprodukten.

Apropos Pilzprodukte

Was passiert mit den Pilzen, die übrigbleiben oder zu krumm und zu groß werden? Ganz einfach: Du kannst sie zu guten Pestos, Aufstrichen und Pilz-Sugos verarbeiten. Dabei musst du natürlich darauf achten, einen geeigneten Verarbeitungsraum bereitzustellen, der für die Lebensmittelproduktion zugelassen ist. Ist dir der Aufwand zu hoch, kannst du dich auch in Verarbeitungseinrichtungen wie z. B. Großküchen einmieten, die bereits den entsprechenden Vorschriften entsprechen. Ein weiterer großer Vorteil von verarbeiteten Pilzprodukten ist ihre Haltbarkeit. Sie sind auch eine ideale Ergänzung zu deinen Frischpilzen, wenn du auf Wochen- und Bauernmärkten verkaufst. Dort kannst du deine Kunden gleich verkosten lassen und einen „geschmackvollen" ersten Eindruck hinterlassen. Denn Pilzliebe geht ja bekanntlich durch den Magen!

↑ **FROH ZU SEIN BEDARF ES WENIG,**
denn wer Pilze hat, der ist ein König.

VON ZAUBERERN, TÄNZERN UND SCHRÄGEN VÖGELN: PILZE IM PORTRAIT

Jetzt, wo du schon einiges über sie erfahren hast, bist du sicher auch schon zu dem Schluss gekommen: Pilze haben etwas Magisches an sich. In diesem Kapitel hast du die Gelegenheit, die verrückten Gestalten noch näher kennenzulernen. Schließe Bekanntschaft mit den Feen und Elfen (Leuchtpilze), mit dem Saunierer (Gelber Austernseitling) oder dem Vernebelten (Taubenblauer Austernseitling). Möchtest du etwas für dein Wohlergehen tun, sind die Vitalpilze wie der Heiler (Shiitake), der Zauberer (Igelstachelbart) oder der Glanzvolle (Reishi) ein heißer Tipp. Bist du etwas verrückt, dann lass es krachen und feiere eine Party mit dem schrägen Vogel (Flamingo-Seitling) oder dem Tänzer (Sommerseitling). Es lohnt sich! Hier erfährst du auf einen Blick alles, was du immer schon über sie wissen wolltest.

WENN SICH DIE PILZE auch bei dir zu Hause schon übereinanderstapeln, hast du alles richtig gemacht!

KURZ & KNACKIG: SO ERKENNST DU DIE LIEBLINGSBEDINGUNGEN DEINER PILZE AUF EINEN BLICK

Welcher Pilz sich worauf am liebsten niederlässt, siehst du hier und bei den Portraits auf einen Blick: Erdkultur, Strohkultur oder Kaffeesatz? Vielleicht nur auf Holz wie das Stockschwämmchen? Oder fast überall wie die vielen bunten Seitlingsarten? Die jeweiligen Erntezeiten beziehen sich dabei auf den Anbau im Freien: das betrifft Luftkulturen, Erdkulturen oder Strohkulturen. Strohpelletskulturen, Holzsubstratkulturen und Kaffeekulturen können auch indoor und somit unabhängig der Jahreszeiten gedeihen.

118

SCHLUSS MIT VER-STECKEN SPIELEN! Hier treten die Pilze endlich vor den Vorhang. Hurra!

ab S. 52

Luft KULTUR

ab S. 55

Erd KULTUR

ab S. 64

Stroh KULTUR

ab S. 71

Strohpellets KULTUR

ab S. 75

Innenhof KULTUR

ab S. 76

Balkon KULTUR

ab S. 84

Holzsubstrat KULTUR

ab S. 102

Kaffee KULTUR

SHIITAKE – DER HEILER
(Lentinula edodes)

119

Er wurde bereits im 10. Jahrhundert in China auf Holzstämmen kultiviert. Der traditionelle Anbau auf Holz ist einzigartig und Bestandteil eines vielfältigen, bunten Pilzgartens. Im Allgemeinen gedeiht er am besten auf holzbasierten Nährmedien (z. B. auch auf Holzsubstrat) und ist ein ertragreicher, schmackhafter Speisepilz. In der traditionellen chinesischen Medizin wird er vielseitig zur Behandlung unterschiedlichster Leiden eingesetzt. Die Fruchtkörper enthalten das Polysaccharid Lentinan, welches unter anderem in Krebs-Medikamenten eingesetzt wird. Positive Auswirkungen hat Shiitake auch auf den Cholesterinspiegel und Immunschwäche-Erkrankungen. Im Garten gedeiht er auf dünnen Eichen oder Buchenstämmen. Er benötigt keinen Erdkontakt. Der Shiitake rangiert nach dem Champignon auf Platz 2 der beliebtesten Speisepilze.

Hier fühl ich mich wohl	Ich gedeihe ideal im schattigen Gartenbereich oder im geschützten Indoor-Bereich (Grow-Box oder adaptierter Innenraum).
Das brauche ich zum Wachsen	*Luftkultur:* • <u>Holzarten:</u> Eiche, Buche, Hainbuche, Birke • <u>Beimpfungsart:</u> Schnittimpfmethode, Bohrlochmethode (Birke), Dübelimpfmethode *Holzsubstratkultur:* Keller, Innenräume
Da darfst du mich ernten	*Luftkultur:* 2 Mal im Jahr (Juni, August, September) über 3–5 Jahre *Holzsubstratkultur:* Meine Substrate werden meist nur einmal beerntet
Darauf musst du bei mir achten	*Luftkultur:* Meine Holzstämme müssen „aufgeweckt" werden, 2 Mal pro Jahr wird der Shiitake-Erntekreislauf wiederholt: Tauchen, Stoßen, Gießen, Ernten. *Holzsubstratkultur:* Mein Durchwachserfolg zeigt sich, wenn sich im Inneren des Beutels eine braunrötliche Flüssigkeit bildet und kugelartige Beulen sichtbar werden. Ist mein Substrat bereit zu fruchten, wird der gesamte Kulturbeutel entfernt; ich fruchte am gesamten Substrat; Temperatursenkung und Erschütterung unterstützen den Start meiner Fruchtungsphase.
So schmecke ich am besten	in feine Streifen geschnitten und angeröstet; paniert; getrocknet zu Pilzsalz vermahlen

GELBER AUSTERNSEITLING – DER SAUNIERER
(Pleurotus citrinopileatus)

auch: Zitronengelber Seitling, Zitronen-Seitling, Limonen-Seitling

120

Der wärmeliebende Seitling kommt ursprünglich aus Ostasien. Er ist aufgrund seines einzigartigen Geschmacks und seines zitronengelben Aussehens ein gerngesehener Gast im Pilzgarten. Bei sommerlichen Temperaturen fühlt er sich im Schatten extrem wohl – ein richtiger Saunierer eben. Durch seinen charakteristischen intensiven Pilzduft wird leider die eine oder andere Schnecke ebenfalls von ihm in den Bann gezogen. Die kleinen punktförmigen Pilzansätze sollten deshalb entsprechend vor Schnecken geschützt werden (S. 59). Auffallend ist, dass der Seitling sogar in extremen Trockenphasen genügend Wasser aus dem Erdboden nehmen kann, um seine Fruchtkörper auszubilden. Ein erfrischender Guss aus der Gießkanne schadet jedoch nicht. Sobald die Pilze erscheinen, kann täglich bewässert werden. Auf Kaffeesatz und Holzsubstraten bietet seine Farbe intensiven Kontrast.

Hier fühl ich mich wohl	Ich bin gar nicht wählerisch und gedeihe am liebsten in schattigen Bereichen im Garten, im Innenhof, auf Balkonen oder im Keller.
Das brauche ich zum Wachsen	*Erdkultur:* • <u>Holzarten:</u> Buche, Pappel, Erle, Ahorn, Esche • <u>Beimpfungsart:</u> Bohrlochmethode, Dübelimpfmethode *Strohkultur* *Strohpelletskultur* *Holzsubstratkultur* *Kaffeekultur*
Da darfst du mich ernten	*Erdkultur:* Ich fruchte mehrmals im Sommer im schattigen Garten, Innenhof oder am Balkon.
Darauf musst du bei mir achten	Ich liebe heiße Sommertage, brauche ausreichende Bewässerung, wenn die Pilzbüschel noch klein sind, und Schneckenschutz.
So schmecke ich am besten	gebraten; ergebe mit Gemüse erlesene Saucen

WALDVIERTLER AUSTERNSEITLING – DER WILDE

(Pleurotus ostreatus)

auch: Austernseitling, Winterausternseitling

Der beliebte Austernseitling ist extrem robust und lässt sich von Wind und Wetter nichts anhaben. Er fruchtet gerne vom zeitigen Frühjahr bis in den Herbst hinein. Beobachtet man seine Gewohnheiten, merkt man schnell: Er tut was er will und enttäuscht dabei fast nie. Ob auf Holz, Stroh, Kaffeesatz oder Holzsubstraten – er fühlt sich schnell wie zu Hause. Es gibt zahlreiche Sorten, die auf unterschiedliche Umweltbedingungen angepasst sind. So hat er seine „Waldviertler Wurzeln" auch in unserem Pilzgarten geschlagen. Die ursprünglich aus einer Wildsammlung stammende Sorte schmückt schon viele Jahre zahlreiche Pilzgärten von Nordamerika bis Asien. Was ihn besonders auszeichnet: Der Seitling ist sehr festfleischig. Es gibt auch eine sporenlose Züchtung, die gerne für die Innenraum-Kultivierung verwendet wird.

Hier fühl ich mich wohl	im Garten als Erdkultur, auf Holzsubstratkulturen, Strohkultur, Erdbeeten
Das brauche ich zum Wachsen	*Erdkultur:* • <u>Holzarten:</u> Buche, Ahorn, Erle, Pappel • <u>Beimpfungsart:</u> Schnittimpfmethode, Bohrlochmethode, Dübelimpfmethode *Strohkultur* *Strohpelletskultur* *Holzsubstratkultur* *Kaffeekultur*
Da darfst du mich ernten	*Erdkultur:* zeitig im Frühjahr und im Herbst, manchmal im Sommer bei kalter Witterung
Darauf musst du bei mir achten	Ich bin sehr robust, fruchte, wann es mir passt, manchmal sogar im Winter. Während des Fruchtens kann ich einfrieren und später am Holzstamm weiterwachsen.
So schmecke ich am besten	gegrillt oder gemeinsam mit Gemüse oder Fleisch in Saucen; gemeinsam mit Kräutern entfalte ich mein einzigartiges Aroma

TAUBENBLAUER AUSTERN-SEITLING – DER VERNEBELTE

(Pleurotus columbinus)

An kühleren Herbsttagen erscheint der Taubenblaue Austernseitling mit seinen leicht grau-bläulichen Fruchtkörpern. Er liebt Nebel und feuchte Umgebung und kann Frost ohne Schäden überstehen. In eindrucksvollen Büscheln wächst er heran, ist festfleischig und wegen seinem nussigen Aroma sehr beliebt. In der Kulturführung ist er einfach anzubauen. Durch sein kräftiges Myzel und seine Durchsetzungskraft bei der Besiedelung von hartem Laubholz ist er ein empfehlenswerter Anfängerpilz. Die im Herbst und Frühjahr entstehenden Pilze sind nur wenig von Schneckenfraß betroffen. Dieser Pilz kann auch auf Kaffeesatz und Holzsubstraten wachsen.

Hier fühl ich mich wohl	Im Garten gedeihe ich am besten im zumindest halbschattigen Bereich, auch geeignet für Innenhöfe und Dachgärten.
Das brauche ich zum Wachsen	*Erdkultur:* • Holzarten: **Buche**, Erle, Ahorn • Beimpfungsart: Schnittimpfmethode, Bohrlochmethode, Dübelimpfmethode *Strohkultur* *Strohpelletskultur* *Holzsubstratkultur* *Kaffeekultur*
Da darfst du mich ernten	*Erdkultur:* September, Oktober, manchmal im zeitigen Frühjahr
Darauf musst du bei mir achten	Ich bin kälteresistent und halte sogar Minusgrade aus; ich werde als Büschel geerntet und wachse auch gerne an der Kontaktzone zwischen Holz und Erde; ich liebe den Herbst und verregnete Tage.
So schmecke ich am besten	ausgezeichnet in Saucen; behalte auch in Essig-Marinade meine Bissfestigkeit und entfalte mein Aroma

SOMMERSEITLING – DER TÄNZER

(Pleurotus pulmonarius)

auch: Lungen-Seitling

Seine leicht gewellten Frucht-körper erinnern an das Kleid einer Ballerina. Sie tänzeln um den einen oder anderen Holz-stamm im Garten oder in hei-mischen Laubwäldern herum. Er liebt den Sommer und das Leben. So wächst er unkom-pliziert auf zahlreichen Nähr-medien. Der Sommerseitling genießt den Bodenkontakt und erscheint auch aus der Kon-taktzone zwischen Stamm und Erdboden. Er ist zudem für Erd-beete geeignet.

Hier fühl ich mich wohl	als Erdkultur im Garten, am Balkon oder Innenhof, im Erdbeet
Das brauche ich zum Wachsen	*Erdkultur:* • <u>Holzarten:</u> Buche, Pappel, Esche • <u>Beimpfungsart:</u> Schnittimpfmethode, Bohrloch-methode, Dübelimpfmethode *Strohkultur* *Strohpelletskultur* *Holzsubstratkultur* *Kaffeekultur*
Da darfst du mich ernten	*Erdkultur:* mehrmals im Sommer bei wärmeren Temperaturen, manchmal bis in den Herbst
Darauf musst du bei mir achten	Ich bin schnellwüchsig, vergehe sehr schnell, also lass mich nicht überreif werden; Schneckenschutz
So schmecke ich am besten	sehr zartfleischig; perfekt für Pilzsaucen; ange-braten auf frischem Brot; schmackhaft als Pilzauf-strich

Experimentieren erwünscht: Holzreste mit Pilzen recyclen

Der Sommerseitling wächst flink heran und zeigt sein Potenzial bei dem einen oder anderen Versuch im Pilzgarten. So kannst du die bei der Beimpfung angefallenen Sägemehl-Reste und Sägespäne deiner Laubhölzer ideal zu einem selbst gemachten, fermentierten Substrat umwandeln. So nützt du scheinbare „Abfälle" und verwandelst sie in Speisepilze.

Du brauchst:

- Getreidebrut vom Sommerseitling (oder auch einer anderen Seitlingsart)
- Gesammelte Holzreste vom Beimpfen deiner Laubholzstämme (oder Laubholz-Hackschnitzel in unterschiedlichen Korngrößen von 2–10 mm)
- Wasser
- Gärbehälter, z. B. verschließbaren Kübel
- Jutesack für die Durchwachsphase
- Spaten und Schaufel
- Moos oder Erde zum Abdecken

Die angefallenen Holzreste werden in einem Kübel mit Wasser eingeweicht (S. 68). Der Kübel wird verschlossen und an einem warmen Ort bei 18–25 °C aufgestellt. Nach 1–3 Wochen sollte das Holz einen leicht gärigen Geruch entfalten. Die Masse wird in einen Jutesack geleert und ausgepresst. Dazu Plastikhandschuhe verwenden. Das Substrat wird wieder in den Kübel gekippt und mit der Pilzbrut vermengt. Die Brutmenge liegt bei 10–15 % von der befeuchteten Holzmasse. Je gleichmäßiger die Verteilung erfolgt, desto schneller kann der Sommerseitling einwachsen. Als Durchwachsbehälter kann wieder der Jutesack verwendet werden. Dein Holzsubstrat wird an einem schattigen und warmen Ort platziert. Du kannst den Besiedelungserfolg nach etwa 3–4 Wochen kontrollieren. Riecht das Substrat bereits leicht nach Pilz und ist die Oberfläche schon weiß durchwachsen, ist das Material bereit für die Übersiedlung ins Erdbeet. Dazu hebst du mit Spaten und Schaufel eine kleine Fläche aus. Es sollte im Baum- bzw. Hausschatten angelegt werden. Das Beet wird nun etwa 15 cm tief mit dem Holzsubstrat angefüllt und angedrückt. Eine Deckschicht aus 3 cm feuchter Erde oder Moos sorgt für den nötigen Schutz. Befeuchte das

Beet 1–2 Mal pro Woche mit je 5 Litern Wasser. Einige Wochen später fruchtet das Substrat. Es kann mit 1–2 Erntewellen gerechnet werden. Damit das Myzel und die Pilze nicht den Schnecken zum Opfer fallen, sollte ein Schneckenschutz installiert werden.

NAMEKO – DER HERBSTLIEBHABER
(Pholiota nameko)

auch: Japanisches Stockschwämmchen

Der herbstliebende asiatische Bekannte des heimischen Stockschwämmchens entwickelt seine Fruchtkörper bei feuchter Witterung im Herbst. Er wächst meist in Büscheln und hat, wenn es vermehrt regnet, eine etwas glitschige Oberfläche. Dies ist ein besonders auffallendes Merkmal. Suppen verleiht er eine leicht sämige Konsistenz. Sein Aroma erinnert an Waldpilze und er behält seine bissfeste Konsistenz auch beim Braten. Auf Birke und Buche im Garten oder auf Holzsubstraten gezüchtet, ist er eine willkommene geschmackliche Abwechslung zu herkömmlichen Zuchtpilzen.

Hier fühl ich mich wohl	im Garten als Erdkultur; als Holzsubstratkultur
Das brauche ich zum Wachsen	*Erdkultur:* • <u>Holzarten</u>: **Birke, Buche** • <u>Beimpfungsart</u>: Bohrlochmethode, Dübelimpfmethode *Holzsubstratkultur*
Da darfst du mich ernten	*Erdkultur:* an schönen Herbsttagen bis ins kalte Oktoberwetter
Darauf musst du bei mir achten	Ernte mich bei trockener Witterung, sonst habe ich eine schleimige Oberfläche; mein glänzender Hut ist charakteristisch für mich.
So schmecke ich am besten	in Suppen; angebraten entfalte ich mein würziges Aroma

STOCKSCHWÄMMCHEN – DER WALDLÄUFER
(Kuehneromyces mutabilis)

Das Stockschwämmchen ist ein bekannter, äußerst schmackhafter Waldpilz. Im Frühjahr und Herbst fruchtet es auf Baumstümpfen und morschen Bäumen. Es bildet dichte büschelartige Fruchtkörper mit rostbraunen bzw. dunklen Lamellen. Der leicht schuppige Stiel ist mit einem Ring versehen. Seine Farbausprägung reicht von dunkel- bis rötlichbraun. Sammelt man es in der Natur, gibt es einige Pilzarten, mit denen es verwechselt werden könnte. Auf beimpften Baumstämmen lassen sich entspannt und ohne Angst vor falschen Pilzen die üppig gedeihenden Fruchtkörper ernten. Das Stockschwämmchen besiedelt besonders gerne dicke Birkenstämme, die nach der einjährigen Durchwachsphase als Erdkultur im Garten eingesetzt werden können.

Hier fühl ich mich wohl	im Garten als Erdkultur; ich liebe dicke Holzstämme und kann dort bis zu 8 Jahre reiche Erträge liefern
Das brauche ich zum Wachsen	*Erdkultur:* • <u>Holzarten:</u> **Birke, Buche,** Eiche, Erle, Weide • <u>Beimpfungsart:</u> Bohrlochmethode, Dübelimpfmethode *Holzsubstratkultur*
Da darfst du mich ernten	*Erdkultur:* im Frühjahr und im Herbst
Darauf musst du bei mir achten	bei Wildsammlung im Wald Verwechslungsgefahr mit dem gelb-grünen Schwefelkopf (giftig)
So schmecke ich am besten	hervorragender Suppenpilz; kann auch getrocknet zum Verfeinern von Saucen verwendet werden; meine Stiele schmecken holzig und werden üblicherweise nicht verwendet, getrocknet können sie aber zu Pilzsalz verarbeitet werden

SAMTFUSSRÜBLING – DER FROSTIGE
(Flammulina velutipes)

auch: Gemeiner Samtfußrübling, Enokitake, Winterpilz

128

Der frostresistente Winterpilz hat einen wunderbaren, leicht nussigen Geschmack und ist ein Kosmopolit. Er ist, ohne zu übertreiben, weltberühmt. In Japan kennt ihn fast jeder unter dem Namen Enokitake. Als „Goldene Nadeln" sind sie dort in fast jedem Supermarkt zu finden. Unglaubliche 100.000 Tonnen Enokitake werden jährlich verzehrt. Er ist in Japan somit nach dem Shiitake der zweithäufigste Zuchtpilz. Der Samtfußrübling wurde bereits zwischen 618 und 907 während der chinesischen Tang-Dynastie gezielt vom Menschen kultiviert. Bei uns findet man den frostigen Gefährten auf abgebrochenen Weiden und Nussbäumen. Sowohl auf Holzsubstraten wie auch auf Baumstämmen kann ein Anbau des Samtfußrüblings gelingen.

Hier fühl ich mich wohl	im Garten als Erdkultur; als Holzsubstratkultur
Das brauche ich zum Wachsen	*Erdkultur:* • <u>Holzart</u>: Weide • <u>Beimpfungsart</u>: Bohrlochmethode, Dübelimpfmethode
Da darfst du mich ernten	*Erdkultur:* November–Februar
Darauf musst du bei mir achten	Ich wachse auch im tiefsten Winter, bin kälteresistent durch Frostschutz-Enzyme, brauche aber auch im Winter etwas Wasser, damit ich nicht austrockne.
So schmecke ich am besten	in Suppen; angebraten mit Nudeln und frischen Kräutern; angenehmes Waldpilz-Aroma

Das Anti-Frostschutzmittel in Pilzen

Samtfußrübling, Waldviertler Austernseitling und noch viele andere Pilze haben besondere Kräfte, wenn es darum geht, Frost und Kälte unbeschadet zu überstehen. Sie besitzen „Anti-Frost-Proteine" (AFP), die ihnen dabei helfen, Eiskristalle zu binden und dadurch eine Rekristallisierung und deren Ausbreitung zu verhindern. Vergleicht man den Prozess mit einer im Tiefkühlfach eingefrorenen Erdbeere, stellt man fest: dabei wird die Zellstruktur der Frucht beschädigt und die Qualität beeinträchtigt. Anders bei den besagten Pilzen und deren AFPs: Die Proteine verbinden sich mit der Oberfläche der entstehenden Eiskristalle und stoppen ihr Wachstum. Sie senken dadurch auch ihren Gefrierpunkt. Es gibt noch einiges an Forschungsarbeit zu erledigen, bis die genaue Funktionsweise dieser Anti-Frost-Proteine entschlüsselt ist. Einstweilen lässt es sich einfach genießen in dem Wissen, dass die wunderbaren Pilze bei Forst gut behütet sind. Sobald es wieder wärmer wird, wachsen sie froh und munter weiter und bereiten uns später eine nahrhafte Mahlzeit.

KRÄUTERSEITLING – DER KÖNIG
(Pleurotus eryngii)

Der Kräuterseitling thront aufgrund seiner Beliebtheit wie ein König in den Lebensmittelläden. Im Englischen wird er auch als „King Oyster Mushroom" bezeichnet. Der Kräuterseitling ist eiweißreich und kalorienarm. Da der Stiel ebenfalls gut zum Kochen verwendet werden kann, variiert die Größe des Stiels je nach Zuchtsorte. Er benötigt für sein Gedeihen nährstoffreiche Substratmischungen. Der Kräuterseitling ist in wärmen Regionen Südeuropas wie auch in Nordafrika und Südwestasien zu finden. Dort besiedelt er gerne Wurzelstränge von Doldenblütlern. Der Schwächeparasit wächst bevorzugt auf dem distelartigen Feld-Mannstreu *(Eryngium campestre)*, was sich an seinem lateinischen Namen erkennen lässt.

Hier fühl ich mich wohl	im geschützen Innenraum, Keller, in der Grow-Box; in der Natur im Strauchbereich zu finden
Das brauche ich zum Wachsen	*Holzsubstratkultur* *Temperaturen:* zum Durchwachsen ca. 20 °C, zum Fruchten ca. 10–15 °C
Da darfst du mich ernten	eher in den kälteren Jahreszeiten
Darauf musst du bei mir achten	Mir musst du genügend Feuchtigkeit zuführen. Bevor du meinen Kulturbeutel öffnest, „scratche" (reibe) einmal mit einer Gabel über die Oberfläche, so werde ich animiert, noch mehr Fruchtkörper zu bilden: Mein Substratsack wird nur nach oben hin entfernt, so kann ich größere Pilze auf der Oberseite des Substrates ausbilden, statt viele kleine rund um den Substratblock.
So schmecke ich am besten	fein geschnitten in Saucen; in Pilz-Burgern; fein gehäckselt mit Ei, Reismehl und Kräutern als Würstchen-Alternative angebraten

IGELSTACHELBART – DER ZAUBERER
(Hericium erinaceus)

auch: Affenkopfpilz, Löwenmähne („Lions mane"), Yambushiitake, Pom-pom blanc

Ein äußerst seltener Speisepilz, der mit etwas Geschick ebenfalls im eigenen Zuhause kultiviert werden kann. Er ist in 23 Ländern auf der Roten Listen der bedrohten Arten und gilt als schützenswert. Zu seinen bevorzugten Nährmedien gehören unterschiedlichste Laubbaumarten. Er kann auf Holzsubstrat im geschützten Bereich gute Erträge bringen. Heimisch ist er in Nordamerika, Europa und Asien. Er besitzt eine große Anzahl an immunstärkenden Eigenschaften und wird daher in der Pilzheilkunde eingesetzt. Nicht nur sein Aussehen ist zauberhaft, auch sein besonderer leicht hummerähnlicher Geschmack lässt das eine oder andere Pilzzüchter-Herz höherschlagen. Er ist ein wichtiger Vitalpilz in der traditionellen chinesischen Medizin. Zu seinen wichtigsten Anwendungsgebieten zählen: Magen- und Darmprobleme, Krebsprävention, Nervenkrankheiten, chronische Hauterkrankungen. Seine Fruchtkörper bilden ein-

Hier fühl ich mich wohl	auf 50 cm langen Erdkulturstämmen im besonders schattigen, feuchten Gartenbereich
Das brauche ich zum Wachsen	*Erdkultur:* • <u>Holzarten</u>: Birke, Buche • <u>Beimpfungsart</u>: Bohrlochmethode *Holzsubstratkultur*
Da darfst du mich ernten	*Erdkultur:* Juni–August, September–Oktober
Darauf musst du bei mir achten	Heilpilz; in der Fruchtungsphase auf genügend Feuchtigkeit achten, Austrocknungsgefahr durch befeuchtetes Gartenvlies abwenden; besonders auf Schneckenschutz achten. *Holzsubstrat:* Kulturbeutel wird nur an manchen Stellen als Kreuz eingeschnitten, so hält sich beim Fruchten die Feuchtigkeit besser
So schmecke ich am besten	durch meinen zarten, zitronenartigen Geschmack schmecke ich am besten angebraten in Öl mit Salz und Pfeffer gewürzt; Pilz-Lasagne; paniert

drucksvolle weiße Kissen mit hängenden Stacheln. Er kann eine Größe von bis zu 20 cm erlangen. Aufgrund seiner zarten Natur sollte er vorsichtig geerntet und möglichst frisch verkocht werden. Auch im Gar- ten fühlt er sich bei einer besonders hohen Luftfeuchtigkeit wohl. Es muss entsprechend bewässert werden.

Champignon-Kompost-Party!

Möchte man große Mengen an Champignons züchten, die über den Eigenbedarf hinausgehen, kann man sich selbst ein Kompostsubstrat mischen. Als Sekundärzersetzer lieben die Champignons die darin enthaltenen Stoffe. Für die Herstellung des Substrats benötigt man zum Start eine größere Menge an Pferdemist, getrocknetem Hühnerkot und Gips. So kann ein Fermentationsprozess gestartet werden. Danach wird der angesetzte Haufen etwa 3 Mal umgesetzt, ähnlich wie bei einem hauseigenen Komposthaufen. Wenn der Prozess abgeschlossen ist, kann das Substrat mit Pilzmyzel beimpft werden. Sobald das Myzel gut in die Masse eingewachsen ist, wird es mit Deckerde bedeckt, die ausreichend feucht gehalten werden muss. Die eindrucksvollen Pilze können dann bei voller Reife geerntet werden – also kurz bevor sie aussporen und ihren Pilzhut ganz öffnen. Der Geschmack ist dann intensiver und aromatischer als bei Baby-Champignons.

CHAMPIGNON – DER FRANZOSE
(Agaricus bisporus)

auch: Egerling

Erstmals im 17. Jahrhundert in Frankreich kultiviert – und immer noch auf Erfolgskurs. Vom Champignon werden weltweit jährlich über 1,5 Millionen Tonnen produziert. Er ist in der Natur bis über die Grenzen Europas verbreitet und liebt nährstoffreiche Erde sowie Kompostsubstrate. Obwohl er in der Massenproduktion ein äußerst umgänglicher Speisepilz ist, kultiviert man ihn zu Hause am einfachsten auf Fertigsubstraten. Im Garten oder im Keller findet der Pilz in Beeten seinen bevorzugten Fruchtungsort. Für die Keller- und Hauskultur bietet sich besonders eine Winterzucht an.

Hier fühl ich mich wohl	in Erdbeeten bei kühlerer Temperatur im Frühjahr und Herbst, im Winter im Innenraum als Fertigsubstrat, im Keller bei kühlen Temperaturen von 10–18°C
Das brauche ich zum Wachsen	spezielles, fermentiertes Kompostgemisch (siehe S. 132) und eine Schicht feuchte Deckerde *Temperaturen:* zum Durchwachsen 18–24 °C, zum Fruchten 16–18 °C
Da darfst du mich ernten	Abhängig vom Standort bei kühleren Temperaturen (Frühling, Herbst und Winter)
Darauf musst du bei mir achten	Ich wachse auch im Dunkeln; bin ein Sekundärzersetzer; die Befeuchtung meiner Erdschicht ist in der Fruchtungsphase wichtig; nicht überwässern, wenn ich groß werden darf, schmecke ich viel aromatischer; lagere mich kühl und verwerte mich, solange ich noch gut rieche
So schmecke ich am besten	angebraten zu Salaten; paniert; gemeinsam mit Gemüse und gekochtem Getreide

134

ÄSTIGER STACHELBART – DER KRAUSKOPF
(Hericium coralloides)

Sein Lebensraum sind heimische Laubwälder. Der selten vorkommende Stachelbart wächst gerne in Bruchwäldern und besiedelt bevorzugt Buchen und Birken. Sein eleganter, stachelartiger Fruchtkörper ähnelt einer Meereskoralle. In Asien gilt er als besonders wertvoller Heilpilz. Er ist einer von rund 8 bekannten Hericium-Arten weltweit. Der Krauskopf kann eine Größe von bis zu 40 cm und einen Durchmesser von bis zu 25 cm erreichen. Die Pilze wachsen bis in den Herbst hinein. Geschmacklich erinnert der Stachelbart vor allem aufgrund seiner Bissfestigkeit an Hühnerfleisch. Angebraten und in Pilzsaucen entfaltet er sein Aroma ausgezeichnet. Durch das seltene Vorkommen ist er nicht sehr bekannt, kann aber gut auf Birke im Garten gezüchtet werden. Ein Muss für alle Raritäten-Liebhaber!

Hier fühl ich mich wohl	im Garten als Erdkultur
Das brauche ich zum Wachsen	*Erdkultur:* • Holzart: Birke • Beimpfungsart: Bohrlochmethode *Holzsubstratkultur*
Da darfst du mich ernten	*Erdkultur:* September–Oktober
Darauf musst du bei mir achten	Ich bilde wunderschöne Fruchtkörper; bin sehr wettersensibel, fruchte nur, wenn die Umweltbedingungen im Herbst passen; achte bei mir auf genügend Feuchtigkeit in der Fruchtungsphase
So schmecke ich am besten	Ich habe ein würziges Aroma und eine feste Konsistenz; schmecke gut gebraten und erhalte dabei eine leicht rosa Färbung; schmackhaft in Gemüsesaucen oder als Fleischersatz

FLAMINGO-SEITLING – DER SCHRÄGE VOGEL

(Pleurotus djamor)

auch: Rosa Seitling, Rosen-Seitling

Der Flamingo-Seitling ist das Gegenstück zu den heimischen Seitlingen. Er ist in den tropischen und subtropischen Regionen der Erde beheimatet: in Südamerika, Asien, Ozeanien. Er ist ein guter Speisepilz und wird durch seine rosa Farbausprägung gerne auf Holz- oder Strohsubstraten kultiviert. Der wärmeliebende Seitling bildet muschel- oder löffelförmige Furchtkörper aus. Obwohl er in der Natur auch auf Baumstämmen zu finden ist, wird für seine Kultivierung Stroh, Kaffeesatz oder Holzsubstrat empfohlen. Kultivierungsversuche auf heimischen Holzarten gelingen nämlich nicht so gut.

Hier fühl ich mich wohl	auf Holzsubstraten im wärmeren, aber feuchten Innenraum (Grow-Box); auf Strohballen im halbschattigen Garten; im warmen Keller
Das brauche ich zum Wachsen	*Strohkultur* *Strohpelletskultur* *Holzsubstratkultur* *Kaffeekultur* *abhängig vom Standort:* wärmere Temperaturen zum Fruchten, hohe Luftfeuchtigkeit, keine direkte Sonne *Temperaturen:* zum Durchwachsen 24–30 °C, zum Fruchten 20–30 °C
Da darfst du mich ernten	Frühjahr–Herbst, abhängig vom Anlagezeitpunkt
Darauf musst du bei mir achten	Ich benötige ein warm-feuchtes Mikroklima; wachse nicht auf Holzstämmen; bin schnellwüchsig und ertragreich; Rarität
So schmecke ich am besten	kräftiges Aroma; färbe mich beim Kochen orangebraun; schmecke ausgezeichnet zu Salaten

REISHI – DER GLANZVOLLE
(Ganoderma lucidum)

auch: Glänzender Lackporling

Dieser Vitalpilz ist in Europa, Asien, Südamerika und Nordamerika beheimatet. In China wird er als „Pilz der Unsterblichkeit" bezeichnet. Er wird in der traditionellen chinesischen Medizin gegen unterschiedlichste Krankheiten eingesetzt. Aufgrund seiner Bitterkeit und der Härte seines Fruchtkörpers wird er als Tee, in Extrakten, Kapseln und Auszügen und sogar in Energy-Drinks verwendet. Der glanzvolle Pilz kann einen beträchtlichen Hutdurchmesser von bis zu 30 cm erreichen. Inhaltsstoffe wie Triterpene und Beta-Glucane machen den Reishi zu einem interessanten Heilpilz. Diese Stoffe sind unter anderem dafür zuständig, das Immunsystem anzuregen. Einige interessante Anwendungsbereiche sind: Blutdruckregulation, Herz-Kreislauf-Erkrankungen, adjuvante Krebstherapie, allgemeine Immunstärkung und eine entzündungshemmende Wirkung. Der in Auwäldern anzutreffende Pilz kann im Pilzgarten auf Buche, Erle oder Pappel kultiviert werden. Ertragreicher ist die Zucht unter kontrollierten feuchten Bedingungen auf Holzsubstrat.

Hier fühl ich mich wohl	als Erdkultur im beschatteten Fruchtungshäuschen, als Topfkultur, Holzsubstratkultur in Grow-Box
Das brauche ich zum Wachsen	*Erdkultur:* • <u>Holzarten:</u> Buche, Erle, Pappel • <u>Beimpfungsart:</u> Bohrlochmethode *Holzsubstratkultur* *Temperaturen:* zum Durchwachsen 21–27 °C, zum Fruchten 21–27 °C
Da darfst du mich ernten	*Erdkultur:* Juli–August bei feuchtem Mikroklima
Darauf musst du bei mir achten	Ich sollte für die Fruchtungszeit in einem beschatteten Folientunnel bzw. Fruchtungshaus bei hoher Luftfeuchtigkeit platziert werden; im Garten wachse ich sonst zu langsam und benötige für ausgewachsene Fruchtkörper etwa 2 Monate; Heilpilz; klimatisch unterschiedliche Herkunftsgebiete, die du bei der Kultivierung beachten musst, damit Temperatur und Feuchtigkeit gut eingestellt werden können
So schmecke ich am besten	Getrocknet und vermahlen als Pilztee; als Pilz-Kräuter-Eistee (S. 148); in Auszügen; leicht bitter

KULTURTRÄUSCHLING – DER VERSTECKSPIELER
(Stropharia rugosoannulata)

auch: Risenträuschling, Braunkappe

Dieser Zuchtpilz ist etwas in Vergessenheit geraten. Das mag daran liegen, dass der strohliebende Speisepilz nicht so einfach zu kultivieren ist. Er hat einen meist rot-bräunlichen Hut und ist im Volksmund als Braunkappe bekannt. Die Pilze wachsen nicht selten unbemerkt im beimpften Stroh, und solange sie das Versteckspiel nicht an eine Schnecke verloren haben, kann man die Pilze in üppigen Mengen ernten. Da er etwas schwer verdaulich ist, sollte er eher klein geerntet und für Pilzgerichte gut durchgebraten werden.

Hier fühl ich mich wohl	Im Garten wachse ich am liebsten auf Strohballen, kleine gepresste Strohballen sind meine Vorliebe.
Das brauche ich zum Wachsen	*Strohkultur:* für mich muss das Stroh nicht fermentiert werden – ich wachse auch auf nassem Stroh, das nur 1 Tag bewässert wird *Temperaturen:* zum Durchwachsen 15–25 °C, zum Fruchten 16–21 °C
Da darfst du mich ernten	Frühjahr und Herbst, abhängig vom Anlagezeitpunkt gibt es mehrere Erntephasen – aber nur einjährig
Darauf musst du bei mir achten	auf Schneckenschutz achten; lass mich nicht zu groß werden Strohballen etwa 24 Stunden einwässern; 1 Tag abtropfen lassen und anschließend beimpfen (es schadet natürlich nicht, wenn das Stroh fermentiert wird, S. 68)
So schmecke ich am besten	Ich bin leichter verdaulich, wenn ich gut durchgebraten werde; mein Stiel kann ebenfalls verwendet werden.

Geheimnisvolles Leuchten

Lange war der Grund für das mysteriöse Leuchten auf den unterschiedlichsten Hölzern und Pflanzen unbekannt. Erst 1823 wurde bei der Untersuchung von Holz aus einer Mine erkannt, dass es sich um einen Pilz handelt.

Biolumineszenz wird heute definiert als eine Lichtemission, die von lebenden Organismen erzeugt wird. Es handelt sich um biochemische Energie, die direkt ohne Wärmeentwicklung in Licht umgewandelt wird. Für die Biolumineszenz sind Stoffwechselprodukte, die bei der Zersetzung von Substraten wie Holz entstehen, notwendig. Das sind spezielle Moleküle wie z. B. Luziferin, Panal, Adenosintriphosphat (ATP), das Enzym Luciferase und Sauerstoff.

Über den Nutzen für Pilze gibt es nur Spekulationen, die chemische Reaktion weist auf das Abfangen von störenden Radikalen hin, vielleicht werden auch Insekten vom Licht angezogen und verbreiten so ihre Sporen.

Wissenschaftlich werden biolumineszierende Organismen wie der Leuchtpilz für Tests verwendet, bei denen Spuren von Umweltgiften oder Krankheitskeimen nachgewiesen werden. Weltweit sind etwa 40 weitere Pilzarten mit diesem Phänomen bekannt. Sie haben keine

Eine Leuchtpilzlampe für den Nachttisch! Woher du die bekommst, erfährst du auf S. 158.

äußerlichen Ähnlichkeiten miteinander. Die meisten kommen in den Gattungen Pleurotus und Mycena vor. In den tropischen Wäldern warten sicher noch weitere Arten auf ihre Entdeckung.

Bei uns ist die bekannteste Art der Hallimasch *(Armillaria mellea)* und der Ölbaumpilz *(Omphalotus olearius)*. Der Mondscheinpilz *(Omphalotus japonicus)* ist nicht nur ungenießbar, sondern auch giftig. Nichtsdestotrotz imponiert er auf beimpften Buchenstämmen mit seinen riesigen Fruchtkörpern und leuchtenden Lamellen.

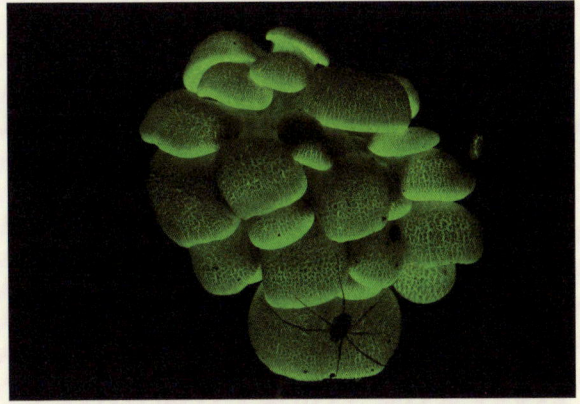

LEUCHTPILZE –
DIE ELFEN UND FEEN
(Panellus stipticus)

auch: Herber Zwergknäueling

Die in Amerika beheimatete Leuchtpilzart ist eine besondere Rarität für den Pilzgarten oder das Nachtkästchen. Bei ihm leuchten sowohl das Myzel als auch die Fruchtkörper. Er lässt sich ähnlich dem Austernseitling leicht auf Holz oder Substrat kultivieren. Schon in den mit Malzextrakt-Agar gefüllten Petrischalen (S. 28) ist beim Wachstum des Myzels das Leuchten erkennbar. Im verschlossenen Glas am Nachtkästchen kann das Phänomen der Biolumineszenz im Dunkeln beobachtet werden – ideal, um nachts von Elfen- und Feenwelten zu träumen. Die kultivierbaren Leuchtpilze sind nicht zum Verzehr geeignet. Die Vermehrung geschieht auf einer Mischung aus Getreide und Holzspänen. Damit können dann Holzdübel bzw. Holzsubstrate beimpft werden. Auf den mit den Dübeln beimpften Birken-, Buchen- oder Eichenstämme bilden sich nach der Durchwachsphase die leuchtenden Fruchtkörper. Sie kommen über mehrere Jahre jährlich im Sommer hervor.

Hier fühl ich mich wohl	Im Garten in besonders dunklen Ecken ohne Mondschein oder Straßenbeleuchtung; in Gläsern auf dem Nachtkästchen
Das brauche ich zum Wachsen	*Erdkultur:* • <u>Holzarten</u>: Birke, Buche, Eiche • <u>Beimpfungsart</u>: Bohrlochmethode, Dübelimpfmethode *Holzsubstratkultur* Ich wachse gerne draußen in den Sommermonaten.
Da darfst du mich ernten	*Leuchtpilz (Panellus stipticus):* Ich bin nicht zum Verzehr geeignet, ungenießbar *Mondschein-Pilz (Lampteromyces japonicus):* giftig
Darauf musst du bei mir achten	*biolumineszente Lebewesen:* leuchten im Dunkeln; nur für dekorative Zwecke, biologische Rarität *Leuchtpilz (Panellus stipticus):* Ich bin nicht zum Verzehr geeignet, ungenießbar; Myzel und Fruchtkörper leuchten, ich kann in großen Glasgefäßen bis zu 1 Jahr überleben und dabei leuchten; ideal für Innenräume *Mondschein-Pilz (Lampteromyces japonicus):* giftig; Lamellen leuchten (Schneckenschutz)
So schmecke ich am besten	ungenießbar und giftig

MAHLZEIT! PILZ-VIELFALT ERNTEN UND GENIESSEN

Was für eine Freude: Die Ernte ist gut ausgefallen. Jetzt stellt sich nur noch die Frage: Wohin mit den vielen Pilzen? Genau: Verwandle sie in herrliche Das-Wasser-läuft-mir-schon-im-Mund-zusammen-Gerichte. Und solche gibt es mit Pilzen haufenweise. Dabei kannst du dir sicher sein: Mit Pilzen auf dem Teller wird es nie langweilig! Koste dich durch die vielen verschiedenen Arten und entdecke völlig neue Geschmäcker!

Alle Rezepte sind für 2–3 Personen!

VOGELGEZWITSCHER

Wildes Frühlingsgemüse mit Waldviertler Austernseitling

Zutaten:

SALAT:

1 Handvoll Waldviertler Austernseitlinge (oder Taubenblaue Austernseitlinge)

etwas Pflanzenöl oder Butter

etwas Salz

2 Handvoll Brennnessel-Blätter (junge Blätter vom oberen Teil der Pflanze)

2 Handvoll Löwenzahnblätter (junge Blätter)

1–3 Blätter Bärlauch

1 Handvoll Vogelmiere

1 Handvoll Gänseblümchen (Blüten)

1/2 Handvoll Veilchen

DRESSING:

4 EL Balsamico-Essig

ca. 100 ml Wasser

1 Prise Salz

1 TL Honig

evtl. etwas Pfeffer

4 EL Olivenöl

10 Halme Schnittlauch

Der Waldviertler Austernseitling ist der Überraschungsgast für jedes Frühlingsfest. Er wächst schnell und ergiebig und das auch bei noch etwas kühleren Temperaturen!

Zubereitung:

Die Seitlinge in feine Streifen schneiden und mit genügend Öl/Butter in einer Pfanne knusprig anbraten. Anschließend etwas salzen. Die Brennnesseln waschen, in ein Tuch packen und durchkneten, damit sie nicht mehr brennen, dann kleinschneiden. Löwenzahnblätter, Bärlauch und Vogelmiere waschen und grob mit der Hand auseinanderzupfen. Die Gänseblümchen und Veilchen von den Stielen befreien.

Für das Dressing den Essig mit Wasser, Salz, Honig und evtl. etwas Pfeffer vermischen. Die Wildkräuter zum Essig in die Schüssel geben und mit dem Olivenöl gut durchmischen, eventuell nochmals mit Salz und Pfeffer nachwürzen. Die Austernseitlinge noch warm mit dem wilden Frühlingsgemüse anrichten und mit gehacktem Schnittlauch garnieren.

Am besten schmeckt der Salat auf einer gemütlichen Bank im Sonnenschein!

PICKNICK IM FRISCHEN GRÜN

Sprossen-Baby-Leaf-Salat mit Champignons und knusprigem Gebäck

Zutaten:

SALAT:

50 g Berglinsen oder schwarze Linsen

Wasser zum Einweichen

150 g Champignons

etwas Pflanzenöl

1–2 EL Balsamico-Essig oder Weißwein

etwas Salz

Asia-Salat-Variation: Mizuna, Pak Choi, Vogerlsalat, Grün im Schnee, Red Giant, Tatsoi …

5 EL Granatapfelkerne

100 g Mozzarella

1/2 Bund Koriander, Basilikum oder Petersilie

1 Frühlingszwiebel oder Winterheckenzwiebel

DRESSING:

8 EL Olivenöl

5 EL Balsamico-Essig oder Reisessig

1 TL Honig oder Dattelsirup

1 Scheibe Ingwer (5 mm dick)

1 TL Salz

etwas Pfeffer

3–4 Stück kleines Gebäck (Kartoffelzeile, Kürbisbrötchen …) oder Knäckebrot

Die ultimative Vitaminbombe für den Frühlingsbeginn. Wenn der letzte Schnee verschwindet und man schon voller Sehnsucht den ersten warmen Sonnenstrahlen entgegenlächelt, ist ein Sprossen-Baby-Leaf-Salat mit Champignons wirklich eine Gaumenfreude. Falls du im zeitigen Frühjahr ein etwas geschütztes Frühbeet hast, kannst du ganz leicht einen Asia-Salat säen und schon nach einigen Wochen die ersten Blätter (Baby-Leafs) ernten. Da Champignons im Innenraum vor allem im Winter und Frühjahr gute Anbaubedingungen vorfinden, sind sie die ideale Ergänzung für diesen Power-Salat.

Zubereitung:

Für den Salat die Linsen über Nacht in kaltem Wasser einweichen. Es muss genügend Wasser zugegeben werden, damit die Linsen einen guten Keimstart haben. Am nächsten Tag die Linsen in eine Keimstation oder ein Sieb leeren und 2 Mal pro Tag mit kaltem Wasser durchspülen. Nach etwa 3 Tagen sind die Linsen fertig für den Salat.

Die Champignons in Streifen schneiden und anschließend mit dem Öl in einer Pfanne anbraten. Zum Schluss mit Essig oder Weißwein ablöschen und mit Salz würzen.

Den Salat waschen und gemeinsam mit den Sprossen und den Granatapfelkernen in einer Schüssel vermengen. Den Mozzarella mit der Hand in kleine Stückchen zerteilen und gemeinsam mit den fein gehackten frischen Kräutern und der klein geschnittenen Frühlingszwiebel hinzufügen.

Für das Dressing Olivenöl und Essig mit Honig oder Dattelsirup in einem kleinen Topf erhitzen und den klein geschnittenen Ingwer →

143

beimengen. Für einige Minuten leicht köcheln, dabei etwas eindicken lassen und anschließend mit Salz und Pfeffer abschmecken. Vorsicht heiß! Dann beiseitestellen und abkühlen lassen.

Zuletzt wird das Dressing gemeinsam mit den Champignons unter die Salatmischung gehoben und der fertige Sprossen-Baby-Leaf-Salat anschließend mit knusprigem Gebäck serviert.

FRÜHLINGSGRUSS!
Maisgrieß-Pizza mit Austernseitlingen

Zutaten:

750 ml Wasser

1 EL Butter

1/2 TL Salz

je 1 TL getrocknete Kräuter und Gewürze: Thymian, Oregano, Kreuzkümmel, Paprikapulver

250 g Maisgrieß

800 g passierte Tomaten

250 g Austernseitlinge (z. B. Gelber Austernseitling, Waldviertler Austernseitling oder Taubenblauer Austernseitling)

1/2 Dose eingelegter Mais

125 g Mozzarella, in Scheiben geschnitten

100 g Schinken

100 g Bergkäse, gerieben

4 EL schwarze Oliven entkernt

2 EL Olivenöl

1 Bund frische Kräuter: Basilikum, Petersilie

Wenn man einmal nicht weiß, was man kochen soll, und sich hungrige Gäste angekündigt haben, ist ein Blech Maisgrieß-Pizza mit Pilzen genau das Richtige. Der Boden ist schnell gemacht und als Zutaten kann man meist das verwenden, was man noch im Kühlschrank findet. Und dazu noch ein bunter Salat – perfekt!

Zubereitung:

Das Wasser gemeinsam mit Butter und Salz zum Kochen bringen. Optional Gewürze und getrocknete Kräuter beigeben. Den Maisgrieß in das noch nicht ganz kochende Wasser einrieseln lassen und gut einrühren. Bei niedriger Temperatur etwa 30 Minuten quellen lassen. Dabei ab und zu umrühren. Den Backofen auf 200 °C Heißluft oder 220 °C Ober- und Unterhitze vorheizen. Ein Backblech mit Backpapier auslegen und den gekochten Maisgrieß darauf verteilen. Passierte Tomaten, Gewürze, geschnittene Pilze und alle weiteren Zutaten gleichmäßig darauf verteilen. Am Ende Schinken und Käse auflegen. Die Pizza mit Olivenöl beträufeln, ins Backrohr schieben und für 30 Minuten backen. Ein bunter Salat aus dem Frühbeet mit saisonalem Gemüse und Kräutern schmeckt ebenfalls hervorragend dazu.

FERMENTIERTES, PROBIOTISCHES SUPERFOOD TRIFFT AUF SHIITAKE

Nattō auf Reis mit knusprigen Tempura-Shiitakes

Zutaten:

TEMPURA-TEIG:

*80–140 g Weizenmehl/
80–140 g Reismehl je nach gewünschter Teigdicke*

15 g Stärkemehl

5 g Backpulver

1/4 TL Salz

*180 ml sehr kaltes Wasser mit
4–5 Eiswürfel*

*750 ml Pflanzliches Öl zum Frittieren (Mischung: 1 Teil Sesamöl,
4 Teile anderes Pflanzenöl, z. B.
Maiskeimöl oder Sonnenblumenöl)*

FÜLLUNG:

2 Tassen Basmatireis

4 Tassen Wasser

etwas Salz

1 EL Butter

*220 g oder 1 Glas Bio-Nattō
(S. 160)*

500 g frische Shiitakes

1 Bund Koriander

3 Frühlingszwiebeln, fein geschnitten

*Korianderblätter, frisch, fein
geschnitten*

MARINADE ZUM EINLEGEN
DER SHIITAKES:

1 Teil Sojasauce Shoyu

2 Teile Wasser

*1 Teelöffel Dashi (Spezialgewürz,
aus Algen oder Fisch)*

DIP-SAUCE
*siehe Rezept „Buntes Laub,
fallende Blätter", S. 149*

Für dieses Gericht lohnt es sich, etwas genauer auf die Zutaten einzugehen. Nattō ist ein traditionell japanisches Gericht aus Sojabohnen, die mit dem in der Natur vorkommenden Heubazillus (Bacillus subtilis) fermentiert werden. Das vegane Superfood hat in Japan seit über 1000 Jahren aufgrund seines hohen Vitamin-K2-, Isoflavon-, Nattokinase- und Spermidingehaltes einen wichtigen Stellenwert in der gesunden Ernährung. Tempura-Teig: Dabei handelt es sich um einen krossen Backteig aus Weizen- oder Reismehl, Stärke, Backpulver, Salz und Wasser. Gemüse, Pilze und Fleisch können ummantelt in heißem Öl herausgebacken werden.

Zubereitung:

Für den Tempura-Teig das Weizen- bzw. Reismehl, Stärkemehl, Backpulver und Salz gemeinsam in einer Schüssel gut vermengen. Danach das Wasser hinzufügen. Die Verwendung von sehr kaltem Wasser ist essentiell für das perfekte Frittier-Ergebnis. Daher zusätzlich die Eiswürfel in das kalte Wasser legen. Die Mischung nur ganz kurz, etwa 10 Mal, mit einem Schneebesen verrühren. Sobald der Teig Blasen wirft und nur mehr wenige Klumpen vorhanden sind, die Schüssel mit dem Teig abdecken und in den Kühlschrank stellen.

Reis mit Wasser, etwas Salz und 1 EL Butter zugedeckt in einem Topf aufkochen lassen und anschließend beiseitestellen.

Für die Marinade alle Zutaten in einer Schüssel mischen. Die Shiitakes vierteln und für etwa 30 Minuten in die Marinade einlegen. Anschließend kurz abtropfen lassen und in den frisch angerichteten Tempura-Teig tauchen. Stück für Stück im heißen Öl bei ca. 160–180 °C frittieren und herausnehmen, sobald der Teig kleine Bläschen wirft.

Den Reis in Portionen auf flachen Teller verteilen, je 2 EL Nattō auf dem Reis platzieren und mit den gehackten Frühlingszwiebeln und Korianderblättern dekorieren. Die frisch frittierten Tempura-Shiitakes neben den Reis platzieren. Eine süß-saure Dip-Sauce (S. 149) passt ideal zu diesem Gericht!

SOMMER

146

PILZGARTEN-SOMMERNACHTSFEST
Fladenbrot mit Austernseitlingen

Zutaten:

TEIG:

500 g Weizenmehl (oder anderes fein gemahlenes Mehl)

1 TL Salz

150 ml Milch

150 ml Wasser

1 TL Honig

1 Pkg. frische Hefe (21 g) oder Trockenhefe

optional: 1 Ei, verquirlt

3–4 EL Olivenöl

FÜLLUNG:

1 Handvoll Austernseitlinge (z. B. Taubenblauer oder Waldviertler Austernseitling)

etwas Sonnenblumenöl oder Butter

je 1 Prise Majoran, Thymian, Kümmel und Paprikapulver

etwas Salz

etwas Pfeffer

1/4 Rotkraut, frisch

100 g Rucola

4–5 Radieschen

1 kleiner Salatkopf

(optional: Zwiebel und Tomaten)

SAUCE:

250 g saure Sahne

1/4 Glas Joghurt

50 g Schafskäse, fein gerieben

etwas Kurkuma

etwas Kräutersalz

etwas Pfeffer

etwas Chili

etwas Basilikum

Zubereitung:

Für den Teig Mehl und Salz mischen. Milch, Wasser, Honig und Hefe langsam erwärmen und anschließend über die Mehlmischung leeren. Öl hinzufügen. Teigmasse etwa 8 Minuten mit einer Küchenmaschine oder per Hand zu einem geschmeidigen Teig kneten. Anschließend ca. 30–45 Minuten an einem warmen Ort rasten lassen. Danach zu 1 cm dicken Fladen ausrollen, auf ein Blech mit Backpapier legen und dort noch weitere 15 Minuten aufgehen lassen. Optional kann auf die Fladen verquirltes Ei gestrichen werden, so bekommen die Brötchen eine schöne Farbe. Die Fladen im vorgeheizten Backofen bei 200 °C Heißluft oder 220 °C Ober- und Unterhitze etwa 15–20 Minuten backen. Eventuell gegen Ende der Backzeit die Temperatur reduzieren.

Für die Sauce alle Zutaten vermischen und mit Kräutern und Gewürzen verfeinern. Das Gemüse und den Salat beliebig schneiden und anrichten. Die Pilze in Öl oder Butter 10–15 Minuten scharf anbraten, bis sie knusprig werden und eine bräunliche Färbung erhalten. Die Pilze mit unterschiedlichen Gewürzen wie Kümmel, Paprikapulver oder Thymian verfeinern. Das Fladenbrot fast zur Gänze mit einem Messer teilen und je nach Belieben mit den restlichen vorbereiteten Zutaten füllen und mit den noch heißen Austernseitlingen servieren.

GRILLEN UND CHILLEN

Gegrillte, marinierte Pilze

Zutaten:

MARINADE:

8 EL Olivenöl

Frische Kräuter: Basilikum, Majoran, Thymian, Oregano

jeweils 1/2 TL Gewürze: Kreuzkümmel, Ras el-Hanout, Curry, Koriandersamen, Pfeffer

3–4 TL Salz

SPIESSE:

250 g Shiitakes

150 g Kräuterseitlinge

einige Zucchinistücke, in Scheiben oder gewürfelt

einige Cocktailtomaten

Gegrillte Pilze sind einfach ein Traum. Für ein „Grill and Chill" muss es manchmal schnell hergehen, denn wer hat schon Lust, für ein Grillfest stundenlang etwas in der Küche vorzubereiten? Kräuterseitlinge und Shiitakes sind gar nicht spießig! Sie manchen einem das Leben leicht – mariniert, aufgespießt und mit Gemüse auf den Grill geworfen hat man das ultimative Geschmackserlebnis.

Zubereitung:

Für die Marinade die Kräuter grob schneiden, die Gewürze mit dem Mörser vermahlen und alles mit dem Olivenöl vermischen. Die Shiitakes vierteln, die Kräuterseitlinge der Länge nach in mehrere, ca. 1,5 cm große Stücke schneiden. Die Pilze mindestens 4 Stunden in die Marinade einlegen. Mit Salz bestreuen und nochmals kräftig durchmischen. Einstweilen kalt stellen. Nach Belieben die Zucchinistücke ebenfalls zur Pilzmarinade geben. Später Holzstäbchen mit den ganzen Cocktailtomaten und Zucchini bestücken und zwischendrin die Pilzstücke platzieren.

Die Pilz-Gemüse-Spieße langsam und bei nicht zu starker Glut ca. 10–15 Minuten grillen. Die Spieße sind fertig, sobald die Pilze etwas geschrumpft sind. Auf einem Teller servieren.

VOLLER ENERGIE!

Reishi-Eistee, der Durstlöscher an heißen Sommertagen

Zutaten:

5 TL Reishi-Pulver (siehe rechts)

8 Zweige Zitronenverbene, frisch

5 Zweige Pfefferminze, marokkanische Minze oder Nanaminze

1 kleines Büschel Zitronenthymian

6 Triebspitzen rotes Shiso (Perilla)

1 Zitrone, in Scheiben geschnitten

1 Zitrone, ausgepresst

6 EL Honig

5 l kochendes Wasser

Der Glänzende Lackporling (Reishi) ist ein besonders gesunder und bekömmlicher Tee-Pilz. Er zählt zu den wichtigsten Vitalpilzen in der traditionellen chinesischen Medizin. Verarbeitet wird er meistens in getrockneter Form. Dazu den sehr zähen Fruchtkörper in frischem Zustand in sehr feine Streifen schneiden. Schonend bei etwa 40–50 °C trocknen, bis man die Pilzstreifen brechen kann. Anschließend in einer Kaffeemühle oder einem Mixer zu feinem Pilzpulver vermahlen – je feiner, desto besser. Abgefüllt in einem Glas kann man ihn mindestens 2 Jahre aufbewahren.

Zubereitung:

Alle Zutaten in einen Topf geben und mit kochendem Wasser übergießen. Das Shiso sorgt in Kombination mit den Zitronen und dem Honig für eine wunderbar schrill-pinke Färbung des Eistees. Je mehr Shiso man verwendet, desto intensiver ist die Farbe. Den Tee etwa 4–6 Stunden ziehen lassen. Danach abseihen und in ein großes Glas, z. B. ein Bowle-Glas oder Einmachglas, füllen und für mindestens 6 Stunden kalt stellen. Ist der Eistee süß genug, wahlweise mit Mineralwasser oder Sekt aufspritzen. Zur Dekoration 3 Zitronenverbene-Zweige in den Eistee geben – diese bleiben für mehrere Tage frisch und welken nicht.

BUNTES LAUB, FALLENDE BLÄTTER –
EIN HOCH AUF DEN FARBENFROHEN ABSCHIED DES SOMMERS

Reispapier-Rollen mit saftigen Pilz-Stückchen

Zutaten:

MARINADE:

Sojasauce und Wasser im Verhältnis 1:3

2 TL Dashi-Pulver (Spezialgewürz, aus Algen oder Fisch)

etwas Salz

etwas Pfeffer

getrocknete Kräuter nach Belieben: Majoran, Basilikum etc.

etwas Sesamöl

FÜLLUNG:

250 g Natur-Tofu

3 Handvoll Shiitakes, frisch, grob geschnitten

optional: 2 Putenfilets

3 Frühlingzwiebeln

2 Paprika

1 Gurke

etwas grüner Salat

1 Bund Koriander, grob gehackt

1 Bund Minze, grob gehackt

1 Handvoll gekeimte Sprossen

150 g Reisnudeln

200 g Maisstärke

DIP-SAUCE:

1 Frühlingszwiebel

1 Chilischote, frisch

1 EL Ingwer

Saft aus 2 Limetten oder 1 Zitrone

4 EL Sweet Chili Sauce

2 TL Sesamöl

2 TL Sojasauce

15 Blätter Reispapier

Wir lieben dieses Essen! Es ist schmackhaft, schnell zubereitet und ideal für genussvolle Feste. Man hat immer etwas zu tun und es gibt wohl kaum ein Gericht, bei dem so viel mit dem Auge mitgegessen wird.

Zubereitung:

Für die Marinade ein Sojasauce-Wasser-Gemisch anrühren, Dashi, Salz, Pfeffer und getrocknete Kräuter einmischen. Tofu und Shiitakes in die Marinade einlegen und 5 Stunden ziehen lassen. Wer gerne etwas Fleisch hat, kann Putenfilets in ca. 3 cm große Stücke schneiden und ebenfalls marinieren. Das Gemüse und die frischen Kräuter waschen. Paprika, Gurke, und Salat in max. 6 cm lange, 5 mm breite Streifen schneiden. Auf einem Teller gemeinsam mit den Kräutern, Sprossen und dem sonstigen Gemüse anrichten. Wenn möglich bis zum Essen kühl stellen. Reisnudeln nach Anleitung kochen und kalt abspülen, abtropfen lassen und ebenfalls für später kühl stellen. Für die Dip-Sauce die Frühlingzwiebel in etwa 3 mm dünne Scheibchen schneiden, Chilischote und Ingwer fein hacken, mit den restlichen Zutaten vermischen und kühl stellen.

Nachdem Shiitakes und Tofu die Flüssigkeit fast zur Gänze aufgenommen haben, Stärkemehl in einer Schüssel bereitstellen und die Pilze und Tofustücke (und Putenstreifen) vorsichtig im Kartoffel-Stärkemehl wälzen. Anschließend sofort in einer Pfanne mit Sonnenblumen- und Sesamöl anbraten.

→

Das vorbereitete Gemüse, die Kräuter, Reisnudeln, die Dip-Sauce, die gebratenen Pilz-, Tofu- und Putenstücke, das Reispapier und zum Einweichen eine flache Schale mit kaltem Wasser auf dem Tisch bereitstellen. Das Reispapier jeweils für etwa 10 Sekunden in Wasser einlegen. Danach das weich gewordene Reispapier auf einen Teller legen und mit dem gewünschten Gemüse, Fleisch, Pilzen, Kräutern belegen und zu guter Letzt zu einem Wrap einwickeln.

150

LANG ERSEHNTER REGEN
Lasagne mit Igelstachelbart und Eisbergsalat

Zutaten:

FÜLLUNG:
500 g Igelstachelbart

3 Frühlingszwiebeln

3 Knoblauchzehen

3 Karotten, gerieben

3 EL Olivenöl oder Butter

etwas Salz

etwas Pfeffer

1 Dose geschälte Tomaten oder 500 g passierte Tomaten

Kräuter und Gewürze nach Belieben: Oregano, Majoran, Basilikum

150 g geriebener Parmesan

250 g Lasagneblätter (ohne vorkochen)

etwas Fett für die Form

Regen und der Igelstachelbart lassen manchmal auf sich warten. Denn so wild und unberechenbar wie Regenschauer sein können, ist auch der Igelstachelbart. Er benötigt ein besonders feuchtes, warmes Mikroklima. Wenn Erde und Natur durch Regenfälle aufatmen, beehrt uns auch der Igelstachelbart mit seiner Anwesenheit. Auf den Regen und eine wunderbare Pilz-Lasagne!

BÉCHAMELSAUCE:

50 g Butter
50 g Mehl
400 ml Milch
1 Prise Salz
1 Prise Pfeffer
1 Prise Muskatnuss, gerieben

SALAT:

1/2 Eisbergsalat
Öl, Essig, Salz, Senf nach Belieben

Zubereitung:

Die Pilze in 0,5 cm dünne Scheiben schneiden. Beim Igelstachelbart sollte man den Fruchtkörper vertikal in Scheiben anschneiden, da sonst die Pilzstruktur des Stachelbarts auseinanderfällt und man viele einzelne „Stacheln" hat. Die Frühlingszwiebeln und den Knoblauch fein würfeln. Dann in einer Pfanne mit den Pilzstücken und den geriebenen Karotten langsam in Öl oder Butter anbraten. Mit etwas Zitronensaft ablöschen und mit Salz und Pfeffer abschmecken. Die Tomaten in würfelige Stücke schneiden, zum Pilzgemüse in die Pfanne geben und ca. 15 Minuten garen. Anschließend Kräuter und Gewürze einrühren und zugedeckt bei geringer Hitze ziehen lassen. Für die Béchamelsauce zuerst die Mehlschwitze herstellen. Dazu Butter in einem Topf zerlassen, Mehl einrühren und bei leichter Hitze unter ständigem Rühren kurz eindicken lassen. Anschließend die Milch hinzufügen und unter ständigem Rühren erst aufkochen lassen, dann Hitze reduzieren und ca. 5 Minuten leicht köcheln lassen, bis die Sauce dickflüssiger wird. Das Rühren ist sehr wichtig, da die Sauce sonst anbrennt. Mit Salz, Pfeffer und geriebener Muskatnuss würzen.

Den Ofen auf 200 °C Ober- und Unterhitze vorheizen. In eine vorgefettete Form abwechselnd Lasagneblätter, Pilzsauce, und Béchamelsauce schichten. Mit geriebenem Parmesan bestreuen und für etwa 40 Minuten im Backofen garen. Den Salat nach Belieben in Streifen schneiden, auf einem Teller anrichten, mit Dressing übergießen, die Lasagne darauf geben und noch heiß servieren.

151

WINTER

SATT-MACHER AUFGEPASST!

Gnocchi mit Shiitakes und geschälten Tomaten

Zutaten:

GNOCCHI-TEIG:

1000 g Kartoffeln, mehligkochend
1 Ei
300 g Mehl
Salz

SAUCE:

250 g Shiitakes, in kleine Stücke geschnitten
etwas Pflanzenöl
1 TL Kreuzkümmel
1 TL Sojasauce
2 mittelgroße Zucchini
1 Frühlingszwiebel
4 Knoblauchzehen
1 Dose geschälte Tomaten
200 g passierte Tomaten
100 ml Wasser
1 Handvoll Basilikum, frisch, grob zerkleinert
1/4 Bund Majoran, frisch, grob zerkleinert
evtl. 1 TL Honig
1 Handvoll geriebener Parmesan

Zubereitung:

Für den Teig Kartoffeln in einem großen Topf mit Salzwasser kochen. Später ausdampfen lassen, schälen und gedrittelt durch eine Kartoffelpresse drücken. Ei, Mehl und Salz hinzugeben und alles schnell zu einem geschmeidigen Teig kneten. Anschließend den Teig auf einer gut bemehlten Oberfläche in mehrere Teile aufschneiden und zu 10 cm langen Strängen formen. Die Rollen in etwa 1,5 cm breite Gnocchi schneiden und diese über den Rücken einer Gabel abrollen, um die charakteristischen Rillen zu erhalten. Später die Gnocchi in siedendem Salzwasser kochen. Sie können abgeseiht werden, sobald sie an der Oberfläche aufschwimmen.

Für die Sauce die Shiitakes mit etwas Öl und Kreuzkümmel anrösten und mit Sojasauce ablöschen. Die Zucchini, die Frühlingszwiebel und die Knoblauchzehen ebenfalls in Stückchen schneiden und den fast fertig gebratenen Shiitakes beimengen. Eventuell etwas Öl zugeben. Sobald das Gemüse weich ist, die geschälten und die passierten Tomaten untermischen. Eventuell etwas Wasser hinzufügen. Die Sauce 20–30 Minuten leicht köcheln lassen. Zum Schluss mit Basilikum und Majoran garnieren. Falls die Sauce noch zu viel Säure hat, Honig zum Abrunden beigeben. Die frisch gekochten Gnocchi mit der Sauce servieren und mit geriebenem Parmesan bestreuen.

DIE VORRATSKAMMER IST VOLL, ES DUFTET NACH GETROCKNETEN KRÄUTERN – DER WINTER KANN KOMMEN!

Mürbteig-Pilztaler mit Wurzelgemüse-Salat

Zutaten:

SALAT:

1 mittelgroße Rote-Rüben-Knolle

2 mittelgroße Karotten

1/2 Knolle Sellerie

optional: 1 Kohlrabi

25 g Minzblätter, gehackt

25 g Korianderblätter, grob gehackt

15 g Petersilie

1/2 EL Zitronenschale, abgerieben

etwas Salz

etwas Pfeffer

DRESSING:

4 EL Zitronensaft

4 EL Olivenöl

2 TL Zucker

3 EL Balsamico-Essig

1 TL Salz

MÜRBTEIG: *reicht für 10 Tortelett-Förmchen mit einem Durchmesser von 10 cm oder eine Tarte-Form*

250 g Dinkelvollkornmehl

1 TL Salz

90 g Butter, gewürfelt

2 große Eigelbe

etwas Butter oder Pflanzenöl zum Einfetten

trockene Hülsenfrüchte (z. B. Linsen) zum Blindbacken

Die Zutaten für Füllung und Dip-Sauce befinden sich auf der nächsten Seite →

Wir lieben dieses Rezept. Ideal für ein Weihnachtsmahl oder ein gemütliches Abendessen mit Freunden. Die am Fensterbrett gezogenen Austernseitlinge kommen da gerade richtig!

Zubereitung:

Das geschälte Gemüse in etwa 2 mm dicke Scheiben schneiden und anschließend mit einem Messer oder einer Küchenmaschine in feine Streifen (Julienne) schneiden. Die Gemüsestreifen in eine große Schüssel mit kaltem Wasser einlegen und zudecken. Für das Dressing Zitronensaft, Olivenöl, Zucker, Essig und Salz in einem kleinen Topf erhitzen und unter Rühren solange kochen, bis sich Salz und Zucker aufgelöst haben. Den Topf vom Herd nehmen. Das Gemüse abseihen und mit etwas Küchenpapier trocken tupfen. Das heiße Dressing nun über den Salat gießen. Anschließend für 1 Stunde in den Kühlschrank stellen. Vor dem Servieren Kräuter, Zitronenschale und Pfeffer beigeben.

In einer Küchenmaschine das Mehl mit dem Salz und den Butterwürfeln zu einer krümeligen Masse verkneten. Die Eigelbe zugeben und nochmals kneten. Wenn sich der Teig vom Schüsselrand löst, zu einer Kugel formen und in ein Bienenwachstuch (alternativ in Frischhaltefolie) verpacken und mindestens 1 Stunde kalt stellen. Den Teig mit einer groben Reibe in die eingefetteten Tortelett-

FÜLLUNG:

3 Handvoll Austernseitlinge, in Streifen geschnitten

etwas Salz

etwas Pfeffer

200 g Crème fraîche

4 Frühlingszwiebeln

etwas Muskatnuss, gerieben

1 Bund Petersilie

DIP-SAUCE:

griechisches Joghurt, nach Belieben gewürzt

Formen reiben und am Rand und auf der Seite mit den Händen festdrücken. Den Teig mehrmals mit einer Gabel anstechen und für weitere 10 Minuten kühl stellen. Einige Backpapierstreifen in der Größe der Tortenform zuschneiden, leicht zusammenknüllen und anschließend wieder geöffnet auf die Teigböden legen. Die Linsen zum Blindbacken auf dem Backpapier verteilen. Den Boden im vorgeheizten Backofen bei 180 °C Ober- und Unterhitze oder 160 °C Heißluft ca. 12 Minuten vorbacken. Die Hülsenfrüchte vorsichtig entfernen und den Boden 5 Minuten nachbacken.

Die Austernseitlinge in einer Pfanne anrösten und anschließend mit Salz und Pfeffer würzen. Die Crème fraîche gleichmäßig auf allen Mürbteig-Törtchen verteilen. Mit den Austernseitlingen und den in Scheibchen geschnittenen Frühlingszwiebeln belegen. Etwas geriebene Muskatnuss auf die belegten Törtchen verteilen und für etwa 10 Minuten im vorgeheizten Backofen bei 200 °C Ober- und Unterhitze oder 180 °C Heißluft nochmals überbacken. Mit frischer, zerkleinerter Petersilie bestreuen und gemeinsam mit dem Wurzelgemüse-Salat servieren. Ein Dip aus nach Belieben gewürztem griechischen Joghurt passt sehr gut zu diesem festlichen Mahl.

RETTEN DURCH AUFESSEN

Raritäten-Gemüse mit gegrillten Seitlingen

Zutaten:

1 kg bunte Raritäten-Kartoffeln (Violet Queen, Blaue Veltline, Rote Hörner, Wayro Classic etc.)

300 g Austernseitlinge (z. B. Waldviertler Austernseitling oder Taubenblauer Austernseitling)

1 mittelgroße Zwiebel

5 mittelgroße Karotten (Jaune du Doubs, Treenetaler oder Maruschka)

8 Blätter Mangold

1 Handvoll Pak Choi

etwas Wasser

etwas Salz

etwas Pfeffer

evtl. 3 EL Öl, Butter oder Ghee

1/2 Bund Thai-Basilikum

3 Triebspitzen Shiso (Perilla)

etwas frische Kräuter: Zitronenbasilikum, Schnittlauch, Winterheckenzwiebel/Schnittknoblauch

2 Knoblauchzehen

Wer die Vielfalt liebt, kann sich schon auf dieses wunderbare Winterrezept freuen.

Zubereitung:

Die Kartoffeln mit Schale in gesalzenem Wasser weichkochen. Anschließend schälen und in grobe Würfel oder Scheiben schneiden. Grob gehackte Austernseitlinge in einer großen Pfanne mit der fein geschnittenen Zwiebel langsam braten, bis die Seitlinge etwas Wasser verloren haben und leicht goldbraun sind. Die Karotten in dünne Scheiben schneiden und ebenfalls in die Pfanne beigeben. Den Mangold entstielen und gemeinsam mit dem Pak Choi in grobe Stücke reißen. In die Pfanne geben und mit einem Schuss Wasser weichdünsten. Sobald das Wasser verdampft ist, Kartoffeln unterrühren, salzen und pfeffern. Eventuell etwas Öl, Butter oder Ghee nachgeben. Am Ende die frischen, gehackten Kräuter und den gepressten Knoblauch hinzufügen. Das Raritäten-Gemüse noch einmal gut durchmischen und heiß servieren.

DAS PILZGEFLÜSTER IST LÄNGST KEINE „STILLE POST" MEHR.
ES GIBT VIEL ZU ENTDECKEN IN DER WELT DER PILZE!

Weiterführende Literatur und Quellen

← **HÖR MAL, WER DA SPRICHT** – mach dich schlau und werde zum Pilzprofi!

Altmoos, M. (2019): Der Moosgarten. Naturnah gestalten mit Moosen. Praxiswissen. Inspiration. Naturschutz. Darmstadt: pala Verlag.

Cotter, T. (2014): Organic Mushroom Farming and Mycoremediation. Vermont: Chelsea Green Publishing.

Gesellschaft für Vitalpilzkunde e.V. (Hrsg.) (2009): Vitalpilze: Naturheilkraft mit Tradition – neu entdecken.1. Aufl., Augsburg: GfV.

Guthmann, J. (2016): Heilende Pilze. Die wichtigsten Arten der Welt im Porträt. Wiebelsheim: Quelle und Meyer.

Harris, B. (1986): Growing Shiitake Commercially: A practical manual for production of Japanese Forest Mushrooms. Wisconsin: Science Tech Inc.

Hofrichter, R. (2017): Das geheimnisvolle Leben der Pilze. Die faszinierenden Wunder einer verborgenen Welt. München: Gütersloher Verlagshaus.

Lelley, J.; Berg, B. (2013): Apotheke der Heilpilze: Kompendium der Mykotherapie: Einsatzmöglichkeiten der wichtigsten Vitalpilze in Prävention und Therapie. Weil der Stadt: naturaviva Verlags GmbH.

Lüder, R; F. (2015): Die geheimnisvolle Welt der Pilze. Das Natur-Mitmachbuch für Kinder. Bern: Haupt Verlag.

Oei, P. (2016): Mushroom Cultivation 4. Appropriate technologies for mushrooms growers by Peter Oei. The Netherlands: ECO Consult Foundation.

Schmaus, F. (2009): Die Natur als Apotheke nutzen: Heilen mit Pilzen. 3. Aufl., Limeshain: Myko-Troph.

Schmidt, W. (2009): Anbau von Speisepilzen: Kulturverfahren für den Haupt- und Nebenerwerb. Stuttgart: Ulmer.

Shelley, E; Roberts, P. (2016): Pilze. Arten aus aller Welt. Niederlande: The Ivy Press Limited 2011.

Stamets, P. (2000): Growing Gourmet and Medicinal Mushrooms. 3. Aufl., New York: Ten Speed Press.

Stamets, P.; Chilton, J. (1983): The mushroom cultivator: a practical guide to growing mushrooms at home. Washington: Agarikon Press.

Wurth, M. und H. (2015): Pilze selbst anbauen. Das Praxishandbuch für Biogarten, Balkon, Küche, Keller, Innsbruck: Löwenzahn-Verlag.

Wurth, M.; Wildenauer, M. (2020): Waldviertler Pilzgarten. www.pilzgarten.at (18.02.2020)

WO GIBT'S WAS, ALSO GENAUER GESAGT: PILZBRUT, SUBSTRAT UND CO.? HIER WIRST DU FÜNDIG:

Themengebiet	Materialien	Bezugsquelle
Vermehrungsmaterial	Getreidebrut Dübelbrut beimpfte Baumstämme Strohpellets Leuchtpilz-Nachtlampe	**Waldviertler Pilzgarten,** Großschönau www.pilzgarten.at
	Reinkultur Sporenabdrücke Spezialkulturen	www.mycelia.be www.glueckspilze.at www.hawlik-vitalpilze.de
	Getreide- und Dübelbrut	www.pilzmaennchen.de www.pilzbrut.de www.pilzzucht-shop.de
Substrate	Shiitake Seitlinge Igelstachelbart Nameko	www.pilzgarten.at www.biopilzzucht.at www.pilzmaennchen.de www.hawlik-vitalpilze.de
Rohstoffe	Bio-Getreide Malz-Extrakt Gips Kalk Buchenholzspäne Laubholzstämme Laborequipment (Petrischalen, Skalpell, Druckkochtopf, …) Mykorrhiza Soluble	Abhängig von Mengenbedarf: Agrarfachhandel Getreideverarbeiter (Mühlen, etc.) Lebensmittelhandel Laborfachhandel (www.vwr.at) www.glueckspilze.at www.pilzzucht-shop.de
	Strohpellets	www.streufloh.com

Themengebiet	Bezugsquelle
Frischpilze **Verarbeitete Pilzprodukte**	www.pilzgarten.at
	Hut & Stiel GmbH, Wien www.hutundstiel.at
	Reiser – Rohrauer Edelpilze und Substrate, Rohrau www.biopilzzucht.at
	Pilzmacher Karl Schiechl, Bad Deutsch Altenburg www.pilzmacher.com
	Verein Ouvertura, Mitterndorf an der Fischa www.ouvertura.at
	Lalo Piku, NÖ, Langenlois www.lalopiku.at
	Pilzfactory, Sankt Andrä im Sausal www.pilzfactory.at
	Pilzwerkstatt, Wördern www.diepilzwerkstatt.at
	PILZKISTE GesbR, Graz www.pilzkiste.at
	www.mykotroph.de www.heilenmitpilzen.de www.pilzgarten.de www.biopilzshop.de www.edelpilzzucht.de www.wohlrab-pilze.de de.happycoffee.org (Chido's Mushrooms)
Pilze aus dem Kübel **Kaffeekultur**	www.hutundstiel.at www.pilzgarten.at www.pilzpaket.de
Pilz-Kits (Holzsubstratkultur)	
Pilz-Kits (Strohpelletskultur)	

Themengebiet	Materialien	Bezugsquelle
Nützliche Utensilien	Effektive bzw. Regenerative Mikro-organismen	www.nordwaelder.at www.emiko.de
	Beimpfungs-Sets Schnittimpfmethode Bohrlochmethode Dübelimpfmethode Grow-Box und Abo-Pilzsets	www.pilzgarten.at
	Bio-Bienenwachstuch	Jausnwrap www.jausnwrap.at
	Bio- Nattō	Fairmento www.natto.at
	Regenwurm-Kompost und -Kiste	www.wurmkiste.at

AUF DER SUCHE NACH A WIE AUSTERNSEITLING ODER B WIE BOHRLOCHMETHODE? SCHAU MAL HIER:

ÜBER ZWEI, DIE SICH VOLL UND GANZ DEN PILZEN VERSCHRIEBEN HABEN: DIE AUTOREN

Dipl. Ing. Magdalena Wurth

Die studierte Agrarwissenschaftlerin hat schon früh die Liebe zur Pilzzucht gepackt. Seit 2015 führt sie gemeinsam mit ihrem Partner Moritz Wildenauer den Waldviertler Pilzgarten. Durch die langjährige Erfahrung im Pilzanbau, vermittelt durch ihren Vater Herbert Wurth, ist der biologisch wirtschaftende Pilzbetrieb eine Besonderheit in der Region. Aber nicht nur das: Mit der nachhaltigen, ressourcenschonenden Kultivierung von über 12 Speisepilzarten und weiteren biologischen Raritäten leistet er auch einen wichtigen Beitrag zum Erhalt der Biodiversität.

Moritz Wildenauer

Die erste Begegnung mit der Pilzzucht hat den gelernten Tischler inspiriert. Für das Thema Selbstversorgung begeisterte er sich schon lange, ihm fehlte aber trotz gärtnernder, landschaftsplanender Eltern der passende Zugang dazu. Nach einigen Jahren der Ausbildung und Tätigkeit in der Jugendarbeit fand er in der Pilzzucht faszinierende Möglichkeiten, viele seiner liebsten Aufgaben zu verbinden. Und natürlich: diese ganz außergewöhnlichen Lebewesen zu kultivieren.

Waldviertler Pilzgarten

Wir möchten unseren Lesern und Leserinnen sowie allen Pilzinteressierten praktisches Wissen über die Selbstversorgung mit Pilzen weitergeben. In unserem Schaugarten in Großschönau können unterschiedliche Gestaltungsbeispiele für die Anlage von Pilzgärten besichtigt werden. Kurse, Vorträge und Führungen sind essentieller Bestandteil der praxisnahen, selbstversorgenden Philosophie unseres Betriebes. Zur Herstellung von Pilzbrut, beimpften Baumstämmen und Frischpilzen verwenden wir ausschließlich biologische Rohstoffe und Holz aus nachhaltig bewirtschafteten Wäldern. Wir versuchen, alle Rohstoffe für den Pilzanbau ohne lange Transportwege aus der Region zu beziehen. Wer sich für die Pilzzucht interessiert, kann direkt bei uns beimpfte Baumstämme beziehen. Die benötigten Materialien sind ebenso in ausgewählten Gärtnereien, auf Pflanzenmärkten oder über die Bezugsquellen auf S. 158 erhältlich.

www.pilzgarten.at

Wir freuen uns sehr über die tolle Zusammenarbeit mit dem Löwenzahn Verlag. Danke an alle, die zum Entstehen des Buches beigetragen haben. Besonders unseren Familien gilt großer Dank. Ihre tatkräftige Unterstützung hat uns das Schreiben sehr erleichtert. Danke auch an unseren Sohn Wendelin: Lange Mittagsschläfchen und viele Spielstunden mit seinen Großeltern haben uns ermöglicht, uns auf das Pilzgeflüster einzulassen und alle Details so auszuarbeiten, dass es ein wirklich wunderbares Werk geworden ist. Die Zusammenarbeit mit dem Fotografen Rupert Pessl war ein Genuss. Dank gilt auch Katharina Schaller, Julia Zachenhofer und dem gesamten Team des Löwenzahn Verlags – es ist eine Freude, mit so einem motivierten jungen Team zusammenzuarbeiten. Nicht zuletzt möchten wir uns für das geballte Wissen von anderen Pilzexperten bedanken, das wir ebenfalls ins Buch mit aufnehmen durften.

klimapositiv gedruckt

PEFC/06-39-224

CERTIFIED
cradletocradle
SILVER

Umschlag und Bindung ausgenommen
www.gugler.at

Gedruckt nach der Richtlinie „Druckerzeugnisse" des Österreichischen
Umweltzeichens. gugler* print, Melk, UWZ-Nr. 609, www.gugler.at

2. Auflage

© 2020 by Löwenzahn in der Studienverlag Ges.m.b.H.,
Erlerstraße 10, A-6020 Innsbruck
E-Mail: loewenzahn@studienverlag.at
Internet: www.loewenzahn.at

Konzept: Magdalena Wurth, Moritz Wildenauer;
Löwenzahn Verlag/Katharina Schaller, Julia Zachenhofer
Lektorat: Löwenzahn Verlag/Christina Kindl-Eisank,
Julia Zachenhofer

Umschlag- und Buchgestaltung sowie grafische Umsetzung:
Tina Radulovic – Atelier für Design & Kommunikation

Fotografien Umschlag: Rupert Pessl oben links, Mitte rechts und unten links, Waldviertler Pilzgarten oben rechts und Mitte links

Fotografien Innenteil: alle Rupert Pessl, außer:

Waldviertler Pilzgarten: 16, 20–24, 27, 46, 48o, 48mi, 48re, 49–51, 52u, 55, 57, 60, 64, 67, 69f, 71re,73–75, 79, 81, 83, 86, 89f, 93f, 104re, 106, 111li, 11mi, 119–129, 131–139, 142f, 145–147, 149f, 152f, 155

Hubert Pöll: 71l

Eva Ballhaus: 76

Hut und Stiel: 102, 104li, 105, 109, 111re, 114

Illustrationen: Tina Radulovic, freepik.com, außer:

Anna Folie 25, 33
Luzia Böswarth 39, 42, 45, 47, 51f 58, 59re, 118–139 (Icons für Luftkultur, Erdkultur und Kaffeekultur)
Susanne Pammer 62f
Hut & Stiel 102
Waldviertler Pilzgarten 59li, 110 (Vorlagen)

Bibliografische Information der Deutschen Bibliothek
Die Deutsche Bibliothek verzeichnet diese Publikation in der Deutschen Nationalbibliografie; detaillierte bibliografische Daten sind im Internet über <http://dnb.dnb.de> abrufbar.

ISBN 978-3-7066-2671-2

Wichtiger Hinweis: Die Inhalte in diesem Buch wurden nach dem Wissensstand der Autoren sorgfältig verfasst. Dennoch erfolgen alle Angaben ohne Gewähr. Verlag und Autoren haften nicht für eventuelle Nachteile oder Schäden, die aus den im Buch gegebenen Anregungen resultieren.